Going Viral!

Fröhliche Wissenschaft 180

Martin Burckhardt

Going Viral!

Ein Abgesang der Postmoderne

Matthes & Seitz Berlin

Inhalt

Einleitung	7
Virale Gesellschaft	20
Stadien der Eskalation	38
Geistesbeben	88
Im freien Fall	98
Der Aufprall	114
Ich bin ein anderer	123
Nach dem Schock	138
Abgesang	159
Anmerkungen	167
Video-Material	176

Einleitung

Man muss kein Prophet sein, um vorherzusagen, dass die Coronakrise sich tief ins kollektive Gedächtnis eingraben wird. Aber da die Schockwellen andauern, fällt es schwer, die Bedeutung dessen zu ermessen, was uns gerade widerfährt. Bleibt nur die dunkle Gewissheit: Die Party ist vorbei, die schöne Unbeschwertheit des *Anything goes* ist Geschichte. Verlassene Tanzflächen, geschlossene Reisebüros, Restaurants, deren Kellner aussehen wie Statisten einer verlorenen Zeit; die Erinnerung, wie es war, als die Stadt in den Dornröschenschlaf fiel. Da war eine ohrenbetäubende Stille – als hätte jemand auf dem Höhepunkt eines Konzerts den Stecker gezogen. Vielleicht war es auch keine Stille, sondern ein grauer Schleier, der sich als Mehltau über die Dinge gelegt hat. Menschenverlassene Flughäfen, Kaufhäuser, die nicht mehr verkaufen, Theater, die einfach zu spielen aufgehört haben. Gewiss, es gibt wieder Leben ringsum, aber die Erstarrung ist nicht verschwunden, sondern hat sich in eine inwendige Lähmung verwandelt, ein Störgeräusch, das nicht mehr aus dem Kopf gehen will. Und zugleich stellt sich, gleich einer sich entwickelnden Fotografie, das Bewusstsein ein: Der Ausbruch der Pandemie war eine Zeitenwende, die radikaler ist als alles, was uns die Krisen der letzten Jahrzehnte beschert haben.

Wenn im nachfolgenden Essay die Viralität mit einem Abgesang auf die Postmoderne verknüpft wird, steckt dahinter ein Gedanke, der weit über die Gegenwartsschau hinausreicht: die Behauptung, dass die Pandemie uns aus der Komfortzone des postmodernen Phantasmas entlässt, oder genauer: in eine Abgründigkeit stürzen lässt. In ein Bild übersetzt, könnte man dies mit der Bewegung der Zeichentrickfilmfigur vergleichen, die über ein Kliff hinweg in die blanke Luft vorangestürmt ist – aber erst in dem Augenblick, da sie die Tiefe unter sich realisiert, tatsächlich stürzt. Wenn Wittgenstein einmal gesagt hat: die Welt ist, was der Fall ist, lässt sich der Sturz als Zusammenstoß mit einer unerhellten, unabweisbaren Realität deuten. Und mit dieser Kollision einer geht die Einsicht, dass die vertrauten Sprach- und Gesellschaftsspiele uns nicht mehr zu tragen vermögen. Von daher stellt sich die Frage: Wo genau ist dieser Punkt, der Klippenrand, zu lokalisieren?

Schon ein erster, kursorischer Rückblick liefert eine Bildsequenz, die auf ein Rätsel hinweist. Denn alle Schocks der letzten Jahrzehnte verraten, so unterschiedlich sie sein mögen, eine virale

Struktur. Beginnen wir mit dem Mauerfall, den man in geschichtsphilosophischer Abstraktion als Ende der Geschichte gedeutet hat; als konkretes historisches Ereignis war er jedoch nichts weiter als die verrutschte Formulierung eines Politbüromitglieds, ein *Superspreader*-Ereignis, das, infolge einer Masseninfektion, eine für undurchdringlich gehaltene Gedankenmauer durchbrach. Auch die Dotcom-Hysterie, die unter dem Schlagwort der *New Economy* die Börsenkurse in schwindelerregende Höhen hinaufkatapultierte, war ein Geschehen, bei dem eine kollektive Erregung sich Ausdruck verschaffte; das Gleiche gilt, wenngleich in sinistrer Form, für die Twin Towers, bei denen weniger eine konkrete Architektur als vielmehr das Symbol einer Weltmacht in sich zusammenfiel, ein weltweites Medienereignis, das der Komponist Stockhausen zum »größten Kunstwerk« erklärte, »das es je gegeben hat«; schließlich die Finanzkrise, bei der das fiktive Kapital der *Credit Default Swaps* einen übermächtigen Reiz ausübte, der zwar vielen Beteiligten als eine Form des Schwindels bewusst war, dem sie sich aber, solange »die Musik spielte«, allzu willig ergaben. In die Reihe dieser Großereignisse gestellt, erscheint die Coronakrise wie eine logische Fortsetzung – nur dass man es hier nicht mit einer Form der symbolischen Ansteckung, einer medialen Hysterisierungsspirale, sondern einer wirklichen Todesdrohung zu schaffen bekommt. Man könnte einwenden, dass genau diese biologische Seite den entscheidenden Unterschied macht. Jedoch ist der Rekurs auf die Naturkatastrophe, die »höhere Gewalt«, nur bedingt angebracht. Denn so sicher, wie das Virus nicht dem Bereich der menschlichen Artefakte angehört, hat es sich nur deswegen zu einer Pandemie auswachsen können, weil es – als blinder Passagier – den globalen Warenketten und Reisebewegungen gefolgt ist. Von daher reiht sich auch die Pandemie in die lange, hier bloß umrissene Liste[1] viraler Gesellschaftsumbrüche ein. In dieses Kontinuum gestellt, verändert sich der Blick auf das Geschehen. Plötzlich nämlich werden Bezüge und Strukturen sichtbar, die im Handbuch des Epidemiologen nicht vorgesehen sind. Manches davon ist mit den Händen zu greifen. Es mag kaum überraschen, dass eine Gesellschaft, die sich ein *Going Viral!* auf die Fahne geschrieben hat, es ihrerseits mit einem viralen Geschehen zu schaffen bekommt. Diese Doppelbelichtung nimmt bereits eine Deutung vorweg: Sie zeigt die Pandemie als den bösen Zwilling der Netzwerkgesellschaft, welche seit den frühen 70er Jahren die Welt nachhaltig verändert und in eine politische Ökonomie hineingeführt hat, die eindeutig virale Züge aufweist. Ein skeptischer Zeitgenosse könnte einwenden: Wie kann ein Zeichen eine virale Logik entbinden? Wäre schon ein Computervirus Antwort genug, wird der Versuch, das Triebwerk dieser Ordnung dingfest zu machen, mit einer Antwort belohnt. Hier stößt man auf jene abgründige Formel,[2] die den Beginn der Boole'schen Logik markiert und die man als Urform digitaler Viralität überhaupt lesen kann: $x = x^n$. Was aber hat diese Formel mit der Postmoderne zu schaffen? Und inwiefern kann sie als der Augenblick gelten, da wir den Boden unter den Füßen verloren haben? Wieso ist hier überhaupt von einem Phantasma die Rede? War nicht die Postmoderne der Augenblick, da man das Denken den großen Erzählungen entwand, eine intellektuelle Ernüchterungsgeste mithin? Zweifellos. Indes schützt die gelungene Dekonstruktion eines Phantasmas nicht davor, einem neuerlichen Phantasma aufzusitzen. Paradoxerweise ist dies die Dekonstruktion selbst, genauer: die ihr zugrunde liegende Annahme, dass man es nicht mehr mit Realitäten, sondern mit gefügigen Zeichen, Sprachspielen und Fabeln zu tun hat. Weil die Zeichen gezähmt, Realitätsverweigerung salonfähig gemacht wurde, konnte die Hydra des intellektuellen Hochmuts und der Selbstüberhebung ihr Haupt erheben. Nicht zufällig entwirft Deleuze, im Anschluss an Nietzsche, das »souveräne und gesetzgebende Individuum, das sich durch die Macht über sich selbst, über das Schicksal, über das Gesetz auszeichnet«.³ Damit wird ein absolutes Selbstbestimmungsrecht supponiert, das im Widerspruch zum sehr viel bescheideneren Realitätsprinzip steht: der Tatsache, dass die Netzwerkgesellschaft ihren Mitgliedern ein bestimmtes Gesellschaftsspiel aufzwingt. Dass das *Anything goes* mit einem Netzwerkprotokoll, einer symbolischen, viralen Ordnung, bezahlt werden muss – die Verleugnung dieses Sachverhalts hat die postmoderne Selbstüberhebung in eine träge Komfortzone zurücksinken lassen.⁴ War die Dekonstruktion in der heroischen Phase der Postmoderne ein Moment der intellektuellen Befreiung, ist heutzutage eine Vulgarisierung des postmodernen Reflexes zu beobachten, bei der am Ende nicht mehr der Gedanke, sondern allein der narzisstische Mehrwert auf dem Spiel steht. Wo das *Anything goes* zum Normalzustand wird, die hinzugewonnenen Freiheiten aber keinen Sinn zu stiften vermögen, greift der blanke Konsumismus um sich. Im Einkaufsparadies macht sich jene Konsumentengattung breit, die Nietzsche überaus treffend als die *letzten Menschen* tituliert hat: »Wir haben das Glück erfunden, sagen die letzten Menschen und blinzeln. Sie [d. h. die letzten Menschen] haben die Gegenden verlassen, wo es hart war zu leben: denn man braucht Wärme. Man liebt noch den Nachbar und reibt sich an ihm: denn man braucht Wärme. Krankwerden und Mißtrauenhaben gilt ihnen sündhaft: man geht achtsam einher. […] Man arbeitet noch, denn Arbeit ist eine Unterhaltung. Aber man sorgt, dass die Unterhaltung nicht angreife. Man wird nicht mehr arm und reich: beides ist zu beschwerlich. Wer will noch regieren? Wer noch gehorchen? Beides ist zu beschwerlich.«[5] Aber weil, wie man weiß, die Wiederkehr des Verdrängten eine Unausweichlichkeit ist, ist in die angenehm temperierte Work-Life-Balance nun der absolute Fremdkörper hineingeraten: die Zeichenkette, die sich nicht fügt, sondern der Krone der Schöpfung auf ebenso arglose, wie heimtückische Weise Gewalt zufügt – Corona. Dass ausgerechnet Kreuzfahrtschiffe zu schwimmenden Petrischalen mutiert sind, ja, dass vor allem die Partyzonen zu den Brutstätten der Pandemie wurden, ist von einer Bildkraft, die kein Romancier hätte überbieten können. Nehmen wir, um dieses Auseinandertreten von Selbstverständnis und Realitätsprinzip zu verdeutlichen, als Gedankenexperiment an, das Virus wäre ein Gottesgeschenk – und dieser Alien-Gott, der zugleich ein Meister der Dekonstruktion wäre, hätte uns mit seiner Gabe etwas ausrichten wollen. Versetze ich mich in seine Position, fiele mir zuerst auf: Der Mann hat Humor (wenn denn eine Geschlechterkategorie in der göttlichen Alterität überhaupt eine Bedeutung besäße). Denn nachdem er all den großspurigen, sündenstolzen Reden über das Anthropozän gelauscht hat, bestünde sein lapidarer Kommentar in einem sprachlosen – Nichts. Haben wir gerade mit Trompetenstößen die Apokalypse intoniert, gibt er uns ein luftiges Ding, einen Kristall, der als Aerosol in der Luft hängt und unserer Logik spottet. Nicht ums Gesagte geht es hier, sondern allein um die Tatsache, dass das erregte Sprechen mit einer feuchten Aussprache einhergeht. Das Virus, als Logosparasit, bekümmert sich nicht, wie man das Gesagte dekonstruiert, ob es politisch korrekt und entsprechend *geframed* ist – es schlägt zu. Nein, auch das wäre falsch. Streng genommen handelt es sich gar nicht um äußere Gewalt, sondern um eine Autoaggression, eine Überreaktion unseres Immunsystems, die zur tödlichen Gefahr wird. Das ist der Witz. Und erstaunlicherweise vermag dieser Witz, was unsere Bußprediger nicht bewirkt haben: Wir fliegen nicht mehr. Wir gehen in uns und bleiben zu Hause. Und doch erleben wir nicht das Ende der Welt, sondern vielmehr die Unerträglichkeit unserer selbst. Das Elend des Menschen, hat Blaise Pascal gesagt, rührt allein daher, dass der Mensch nicht allein in seinem Zimmer bleiben kann. So konfrontiert uns das Virus mit der Grenze unserer selbst. Nicht alles ist menschengemacht, nicht alles Diskurs, nicht alles beliebig wählbares, soziales Konstrukt. Ärger noch: Auch dort, wo alles menschengemacht ist, kann sich, im Schlaf der Vernunft, ein Ungeheuer breitmachen – kann eine Gesellschaft eine Form der Viralität entwickeln, bei der am Ende das Virus selbst »wie gerufen« erscheint.

In diesem Sinn blickt die Pandemie auf eine lange Vorgeschichte zurück, ein ganzes Menschenleben beinahe. Lassen wir die großen Krisen der Postmoderne an uns vorüber ziehen, wohnen wir nacheinander der Erschütterung der Ideologie, der Ökonomie, des Staates und des Finanzkapitals bei. Tatsächlich gibt es keinen verlässlicheren Begleiter als die Krise selbst. Anstatt die Serie dieser Erschütterungen als tektonische Verschiebungen des Fundaments zu begreifen, besteht und bestand die Antwort darauf in einer möglichst gloriosen Verdrängung. Wie der Neoliberalismus die selbstverursachten Verwüstungen mit einer Erhöhung der Dosis bekämpfte, bestand die Postmoderne auf einer Erhöhung der Dopaminzufuhr. Mark Fishers Bemerkung, dass es leichter zu sein scheint, das Ende der Welt als das Ende des Kapitalismus zu denken, wäre ebenso gut auf das postmoderne Selbstverständnis zu übertragen.[6] Da jedoch die Wiederkehr des Verdrängten unausweichlich ist, wird das Selbst in eine Serie von kognitiven Dissonanzen verstrickt, die nicht minder absurd sind als der ritterliche Heroismus, mit dem Don Quichotte gegen Windmühlen anrennt. Just in dem Maße, in dem die Netzwerkgesellschaft ihre virale, skalierbare Ökonomie etablierte, pumpte sich das postmoderne, allseits vernetzte Subjekt mit narzisstischer Energie auf (was Ovids Einsicht bestätigt, dass die Hydra »reich ward durch den Verlust«). Vergleichen wir das zeitgenössische Selbstverwirklichungsprojekt mit dem deleuzianischen Selbstbestimmungsgedanken, könnte der Widerspruch kaum größer sein. Zwar erfreut man sich noch immer der Segnungen des *Anything goes*, faktisch jedoch hat sich ein viraler MeToo-Konformismus etabliert, der sich wie eine Parodie des Selbstbestimmungsgedankens ausnimmt, nein, ärger noch, der ihn unter dem Furor diverser Identitätspolitiken begräbt. Wenn sich die Netzwerkgesellschaft der Köpfe bemächtigt, ja ihr Denken auf eine Weise subvertiert, dass es nur mehr als Abwehrformel lesbar ist, zeigt dies, wie wenig tragfähig die Philosophie der letzten Menschen ist. Dies führt uns zurück zu jener Comicfigur, die hypermotorisch in den leeren Himmel voranstürmt, bis zu dem Augenblick, da sie den Blick in die Tiefe wagt. Dass uns die Pandemie als Anomalie, als »schwarzer Schwan« der Geschichte erscheint, ist ein Indikator für eine bemerkenswerte Verdrängungsleistung. Denn die virale Gesellschaft ist längst *fait accompli*, das Virus nur ihr Symptom. Der Sturz aus der postmodernen Komfortzone gewinnt an Fallhöhe, ja wird noch abgründiger dadurch, dass die Pandemie die überwunden geglaubten, nur notdürftig übertünchten Konflikte der Vergangenheit wieder aufbrechen lässt: die Problematik der Autorität, des Geldes, des Wertes. Konnte man die vorausgegangenen Krisen noch als punktuelle Ereignisse abtun, kommt es nun zum multiplen Organversagen. Kein Gesellschaftsbereich bleibt verschont. Der Ernstfall geht unter die Haut und verlangt jedem Einzelnen eine Verhaltensveränderung ab. Dass sich dabei die vertrauten Gedankenfiguren, Überzeugungen, Rituale als ebenso leichtgewichtig erweisen wie ein toxisches Aerosol, ist hochgradig verstörend, umso mehr, als das überkommene Gedankenkorsett in einem diametralen Gegensatz zu der neuen, viralen Erfahrungswelt steht. Insofern ist schwer zu entscheiden, was schwerer wiegt: der Sturz aus der Illusion oder die Einschränkungen, die die Pandemie uns abverlangt. Schon die Begriffe, die binnen Kurzem unsere Köpfe erobert haben (Maskenpflicht, Social Distancing etc.), nehmen sich wie groteske Umkehrungen all dessen aus, was ehedem lieb, teuer und hochgeschätzt war. Das Versagen des intellektuellen ›Immunsystems‹ schlägt sich in einem Verlust an Handlungsmacht nieder. Nicht zufällig lassen sich die Maßnahmen nicht mehr auf die Entscheidungsgewalt eines souveränen und gesetzgebenden Individuums zurückführen, »das sich durch die Macht über sich selbst, über das Schicksal, über das Gesetz auszeichnet«, sondern auf die Krisenumstände: *It's the virus, stupid.* Aber da das Virus, als böser Zwilling der Netzwerkgesellschaft, der Logik des $x = x^n$ souffliert, ja, geradezu als ihr Geburtshelfer wirkt, können ihre schlafenden, unterschwellig wirksamen Kräfte die Macht übernehmen. Damit werden die Gewissheiten der Vergangenheit als Phantasmen entblößt. Hat man sich etwa im Bildungssystem der Vorkrisenzeit dem Trugbild einer inklusiven, diversen und weltoffenen Zukunftspädagogik hingegeben, wird jetzt, da der Schleier gefallen ist, offenbar, dass man es mit einer zutiefst rückständigen, dysfunktionalen Apparatur zu tun hat. Der Verdacht drängt sich auf, dass ihr vornehmster Sinn in der Scheinproduktion bestand und darin, die Work-Life-Balance ihrer Angestellten zu optimieren. Wo andererseits Geistesgegenwart gefordert wäre, bleibt kaum mehr als die hilflose Beschwörung einer Praxis, die nur mit einem Slogan aufwarten kann: Homeschooling! Nun stellt unser Bildungssystem (wie das Vokabular der Krise zeigen wird) zwar nur einen kleinen Bereich des Gesellschaftsganzen dar, jedoch vollzieht sich im gesamten Gesellschaftskörper ein analoger Ernüchterungsprozess. Diesen Ernüchterungsprozess herauszuarbeiten, ist, was sich dieses Büchlein vorgenommen hat. Dabei ist der Titel weniger als Schlachtruf zu verstehen denn als Erinnerung daran, dass wir das Triebwerk der viralen Gesellschaft ins Auge fassen müssen. Der erste Schritt wird demgemäß in einer historischen Anamnese der Netzwerkgesellschaft bestehen. Insofern die symbolische Ordnung auf die Elektrizität und die Telegrafie zurückgeführt wird, ist jenes Gedankenpaket geschnürt, das uns einen neuen Blick auf die Gegenwart erlaubt. In der Folge werden wir die einzelnen Schritte der pandemischen Eskalation durchgehen. Der Phänomenologie der Krise folgt eine Neubesichtigung der digitalen Episteme, die sich in der Dreifaltigkeit des *Anything, Anytime, Anywhere* entfaltet. Diese Kräfte werden anschließend daraufhin befragt, ob und in welcher Form sie zum Umsturz der bestehenden Gesellschaftsinstitutionen beitragen. Dem folgt eine kurze Überlegung, woran sich ein künftiges Selbst ethisch ausrichten müsste. Es folgen zwei Zukunftsszenarien, welche die möglichen Folgen der Pandemie in den Blick nehmen, in dystopischer, dann in utopischer Form. Zu guter Letzt: der Abgesang, wie intoniert.

Virale Gesellschaft

Covid-19? Ein Zufall, denn ebenso gut hätten MERS, SARS oder eine Spielart der Vogelgrippe die Pandemie auslösen können. Sehr viel erhellender ist die Einsicht, dass wir längst in einer viralen Gesellschaft leben, man sich also nicht wundern muss, einer pandemischen Heimsuchung gegenüberzustehen. Schaut man nur ein paar Jahre zurück, ist verblüffend, mit welcher Arglosigkeit Begriffe wie ›Viralität‹ oder ›Growth Hacking‹ genutzt wurden, ja, dass ein Schlachtruf wie *Going viral!* als Erfolgsversprechen aufgefasst werden konnte. Es liegt die Schlussfolgerung nahe, dass die vernetzte Gesellschaft geradezu vorbereitet ist für einen pandemischen Ausbruch. Insofern das Virus den Trajektorien der Globalisierung folgt, könnte man es als einen dunklen Gesellschaftsspiegel auffassen. Unter diesem Blickwinkel ließe sich auch das Aids-Virus als Vorbote der Pandemie lesen. Hier war der Patient Null[7] ein frankokanadischer Steward, der seine erotischen Eroberungen in verschiedenen Städten dieser Welt in einem Leporello aufgezeichnet und damit den Epidemiologen die Kontaktverfolgung und die Identifikation des Virus ermöglicht hatte. Lief die Spurensuche in den 80er-Jahren in einem medizinischen Darkroom ab, können wir uns heute glücklich schätzen, dass die Pandemie zu einem Zeitpunkt ausgebrochen ist, da Gensequenzierer eine Viren-Entzifferung in Echtzeit ermöglichen. Der Ausbruch selbst dürfte jedoch keineswegs überraschen. Schon seit geraumer Zeit hat sich der Forschungszweig der *Predictive Analytics* etabliert, der über die Analyse von Verkehrsrouten und Social-Media-Kanälen Krankheitsausbrüche (aber auch andere Trends) vorherzusagen bestrebt ist. Folglich stellt sich die Frage: Was hat die vernetzte Welt mit der viralen Gesellschaft zu tun? Inwiefern stehen wir hier einem grundsätzlichen Paradigmenwechsel unserer Ökonomie, ja, unseres Denkens gegenüber? Um den Zusammenhang von Netzwerkgesellschaft und Viralität zu verstehen, muss man an ihre Anfänge zurückgehen – vor allem aber muss man bereit sein, das tradierte Moderne-Narrativ zu revidieren. War dieses in der Absetzbewegung der Postmoderne eine alte Bekannte, so bietet sich uns, unter einem anderen Blickpunkt gelesen, ein neues, anderes Bild. In meinem Denken liegt die Urszene der modernen Gesellschaft in der Formation jener Mönche, die sich im Jahr 1746 auf einem Feld im Norden Frankreichs versammelten, einander mit Eisendraht verkabelten und dann, auf die Berührung einer kleinen Antenne hin, in konvulsivische Zuckungen ausbrachen. Der Sinn dieser merkwürdigen Szenerie ist leicht erklärt: Weil man mit der Leidener Flasche, dem Kondensator, Elektrizität hatte speichern können, war die leitende Frage, wie schnell sich dieses *elektrische Fluidum* durch den Raum bewegen würde. Strukturell betrachtet enthüllt die Versuchsanordnung das Wesen der modernen Massengesellschaft: Hier kann der Einzelne, der als Spiritus Rector die Antenne berührt, dann aber zwangsläufig eingemeindet wird, nicht mehr als autonomes Subjekt begriffen, sondern muss als Einer-im-andern, als *Dividuum* verstanden werden. Bilden die verkabelten Mönche als Humanprozessor *avant la lettre* den Prototyp der vernetzten Gesellschaft, lässt sich die Formierung des Nationalstaats und seine Entgrenzung im Kolonialismus als eine Materialisierung dieses entgrenzten Gesellschaftstyps auffassen – ein Gedanke, der sich im Begriff der ›Ersten Globalisierung‹ niedergeschlagen hat und in Beziehung zum Ausbruch der Spanischen Grippe gesetzt worden ist. Gilt zu dieser Zeit die Elektrizität als *conditio sine qua non* der Weltbeherrschung (wie Lenin gesagt hat: »Kommunismus – das ist Sowjetmacht plus Elektrifizierung«), könnte man von einem fortschreitenden Deterritorialisierungsprozess sprechen: dem Versuch, die Entfernung der Welt zu entfernen. Dies entspricht der Boole'schen Logik, die sich mit der Ausarbeitung der binären Algebra von jeglichem Weltbezug löst. Kein Wunder also, dass sich die ihr zugrunde liegende Formel, das $x = x^n$, als Inbegriff der Viralität deuten lässt. Freilich: Booles Denken war seiner Zeit ein gutes Jahrhundert voraus und wurde erst nach dem Zweiten Weltkrieg in die Computerschaltkreise integriert. Dies geschah als Antwort auf die nukleare Kettenreaktion, bei der eine gleichsam unbegrenzte Energiemenge freigesetzt wird – ein Vorgang, den man als materielle Entsprechung der Boole'schen Proliferationsdrohung lesen kann. Der Zusammenhang von Kernspaltung und binärer Logik ist weit mehr als eine bloße Analogie. Im Zeichen der Atomkraft werden wir mit der Emergenz der modernen Netzwerkgesellschaft konfrontiert, und zwar als Versuch, der atomaren Proliferationsdrohung ein digitales Überlebenssystem entgegenzustellen. Dieser Zusammenhang wird deutlich, wenn man sich fragt, was bei einem Atombombenabwurf passiert. Im Umfeld der Abwurfstelle kommt es zu einer elektromagnetischen Entladung (EMP), einer Störung des Magnetfeldes, welche bewirkt, dass weder Motoren noch Telefonie nutzbar sind. Diese Störung wiederum kann dazu führen, dass die Kapitale eines Landes nicht weiß, dass sie gerade von einem Atombombenangriff überrascht worden ist. Um dies zu verhindern, verfiel man auf eine Logik, bei der die SOS-Botschaften – in Form eines symbolischen Fallouts – an alle erdenklichen Netzknoten gesendet werden sollten. Waren diese vital, schockten sie die Botschaft an alle erreichbaren Verbindungen weiter – in der Hoffnung, dass man auf diese Weise die Kapitale würde erreichen können. Diese Form der Versendung erforderte, dass man zum einen den Erfolg oder Misserfolg eines Kommunikationsversuchs festhalten musste – in Gestalt eines Versandprotokolls –, zum andern, dass man sich einer digitalen Codierung bediente (denn sie allein verhinderte, dass ein mehrfach kopiertes Signal im analogen Rauschen untergehen würde). Dies war die Geburtsstunde des *Arpanets*: als digitales Überlebenssystem.

Mit den frühen 70er Jahren erlebte diese militärische Ausrichtung eine grundlegende Umdeutung. In der Ära des Pop und der Bewusstseinsentgrenzung kam es, dem Geist der Zeit folgend, zu einer Privatisierung des Netzes: dem *Ethernet*. In diesem Sinn lässt sich der Beginn der Computerzeit am 1.1.1970 (die Unix-Zeit) als Geburtsdatum der Netzwerkgesellschaft auffassen. Der überwältigende Erfolg, welcher dem Ethernet in seiner weltweiten Fassung als Internet zuteilwurde, lässt die Widerstände in Vergessenheit treten, auf die Robert Metcalfe, sein Erfinder, selbst bei seinen computeraffinen Kollegen traf. Der Grund ihres Unbehagens: Man fürchtete, dass der vernetzte Kollege die Gelegenheit nutzen würde, um auf dem eigenen Schreibtisch zu wildern, sich die eigene Arbeit anzueignen etc. Definieren wir die *conditio humana* in der Netzwerkgesellschaft als Einer-im-andern (als Dividuum, das sich in der Mitteilung und der Kommunikation mit anderen erhält), ist es nicht verwunderlich, dass das solcherart vergesellschaftete Sein die Idiosynkrasie des Eigentumsdenkens evoziert: die Furcht vor dem Verlust oder dem Diebstahl der Identität. Zweifellos ist hier ein Tabu unseres kulturellen Selbstverständnisses berührt, jedoch erwies sich die Netzarchitektur als die überlegene gesellschaftliche Machtbatterie. Dies hat wesentlich damit zu tun, dass die alte, zentralperspektivische Logik durch eine neue *Peer-to-peer*-Logik ersetzt wird. Ein frühes, wenngleich nicht ursächlich damit in Zusammenhang stehendes Beispiel dafür ist das Ende von Bretton Woods. Hier wird die Macht über die Geldzeichen den Finanzmärkten, genauer: den anonym agierenden Spekulanten überantwortet; andererseits kommt es zu einer graduellen Entmachtung des Nationalstaats. Haben wir uns daran gewöhnt, dies nur in Begriffen des Schwunds und des Verschwindens zu deuten (Zygmunt Baumans *Flüchtige Moderne* wäre ein Beispiel), wird übersehen, dass das Netz strukturell sehr viel resilienter ist als die klassische Topdown-Hierarchie. Der Grund ist ein mathematischer: Verknüpft man die Netzknoten miteinander, kommt es zu einem quadratischen Wachstum der Verbindungen.[8] Haben fünf Netzknoten lediglich zehn Verbindungen, liegt die Zahl bei hundert Netzknoten bereits bei 4.450 Verbindungen, bei 20.000 Netzknoten (der Einwohnerzahl einer Kleinstadt) bei stattlichen 190 Millionen. Hier spätestens zeigt sich, dass ein solches Netz eine sehr viel größere Informationsdichte besitzt als jedes noch so mächtige Broadcast-Modell. Dass eine laterale Ordnung, die einen geradezu ans Anarchische grenzenden Hierarchiemangel aufweist, sich an die Stelle eines pyramidalen, streng geschichteten Zentralstaatsmodells setzen kann, bedeutet eine grundstürzende Veränderung des Machtparadigmas: von der Politik der Repräsentation hin zur Politik der Simulation (eine Zäsur, die uns im Folgenden als Leitmotiv begleiten wird). In jedem Fall aber lässt sich die Netzwerkgesellschaft, welche Raum, Zeit und Materialität in die Postmaterialität transzendiert, nicht mehr in klassischen Begriffen verstehen. Die Losung der neuen Ordnung lautet: *Anything, Anytime, Anywhere.* Etwas expliziter und fasslicher formuliert: Was immer elektrifiziert werden kann, kann digitalisiert werden; und weil ein weltumspannendes Netz existiert, ist das digitalisierte Objekt allüberall und jederzeit abrufbar. Obschon nichts weniger als eine Revolution, ist bemerkenswert, dass sich dieser Umsturz unterhalb der Wahrnehmungsschwelle abgespielt hat. Denn obschon die Digitalisierung zum entscheidenden Triebwerk der Wirtschaft wurde, zog man es vor, ominös von der *Globalisierung* zu sprechen (womit sich ein schwer zu fassender Dämon im Diskurs etablierte). Im Maße der allgemeinen Beschleunigung virtualisierten sich immer mehr Bereiche des ökonomischen und politischen Lebens. Begann es damit, dass man die Lager evakuierte und unter dem Schlagwort der *Just-in-time*-Produktion die Güter auf die Landstraße verlagerte, spannte man darüber eine digitale Membran, welche die Echtzeit-Verfolgung und Lokalisierung der einzelnen Güter etablierte. Idealbild all dieser Lieferketten jedoch bildete der instantane Download, der die Ländergrenzen und die Materialität des Objekts überhaupt überwindet.

Der technischen Revolution folgte jedoch nicht die entsprechende geistige Erneuerung. Ganz im Gegenteil: Der Limbo-Logik der Aufmerksamkeitsökonomie folgend, begnügte man sich, die vertrauten Objekte immer preisgünstiger herzustellen, verwandte aber wenig Mühe darauf, sich in die symbolische Membran einzuarbeiten. Psychologisch verständlich, gewiss. Wer mag sich schon mit den Abgründen der objektorientierten

Programmierung beschäftigen, noch dazu, wenn derlei auf eine narzisstische Kränkung hinauslaufen muss – die Erkenntnis, dass man in der Netzwerkgesellschaft nur mehr Dividuum sein kann? Gesamtgesellschaftlich freilich hat sich mit diesem Eskapismus ein Gestus kollektiver Blindheit etabliert. Wenn uns die Pandemie überrascht, so deswegen, weil sich die Netzwerkgesellschaft nur in abgespaltener, technischer Form realisiert hat – oder genauer: weil sie in den Maschinen, wie in einer Blackbox, verstummt ist. Mit einem solchen Vergessen gesegnet, konnte sich ein allgemeiner Konsumismus, geradezu eine Internationale der Konsumisten herausbilden. Ein neuer Typus von Massengesellschaft entstand: die virale Gesellschaft. Alles an ihr trägt eine digitale Signatur: Man kommuniziert transmedial, lichtgeschwind und peer-to-peer, vorbei an den Schleusenwärtern des guten Geschmacks. Anstatt jedoch mit der neuen symbolischen Ordnung eine neue, geistige Weltläufigkeit zu kultivieren, begnügt man sich umgekehrt damit, das Dorf – und damit die eigene Beschränktheit – zur Welt zu machen. Die kognitive Dissonanz zwischen einer hochgradig elaborierten Infrastruktur einerseits und einem zunehmend depravierten Geistesleben andererseits ist das Hauptcharakteristikum der viralen Gesellschaft. In ihr manifestiert sich das Paradox, dass man sich zwar der neuen Möglichkeiten bedient, aber nur, um mit einer Rolle rückwärts zum *status quo ante* zu finden, in eine Welt, die nur mehr als geistiges Heimatmuseum existiert. So besehen ist die pandemische Anfälligkeit der Netzwerkgesellschaft in den Shitstorms der sozialen Medien vorweggenommen, zeichnet sich der Zeitgeist durch einen stupenden Mangel an Geistesgegenwart aus.

Realitätsschock

Stellen wir uns einen Menschen vor, der erfährt, dass er über Jahre hinweg von seinem Ehepartner betrogen oder – wie zu Zeiten der DDR – bespitzelt und an die Staatssicherheit verraten worden ist. Mit einem Schlag bricht, was ein Fundament, ja, ein selbstverständlicher Teil des eigenen Lebens war, einfach weg, während umgekehrt die Vergangenheit in ein neues, fremdes Licht getaucht wird. Wie der Herbststurm, der die Blätter vom Boden aufwirbelt, wühlt diese Offenbarung das Vergangene auf; das Denken gerät in einen Strudel von Erinnerungen, die sich, von einem gleißenden Blendstrahl erfasst, urplötzlich als Täuschung erweisen. Eine Geste der Anteilnahme? Doch eher ein infamer Spionageversuch! Eine Vertrautheit? Nein, ein Fallstrick, der einzig darauf abzielte, eine Selbstentblößung hervorzukitzeln! Im Nachhinein treten die Bruchlinien und Ungereimtheiten hervor, über die man großzügigerweise hinwegsah. Jetzt aber, da die Wahrheit ans Licht gekommen ist, geben die Misstöne ihren eigentlichen, verborgenen Sinn zu erkennen. Und es bleibt nichts als die Verwunderung über die eigene Gutgläubigkeit, die unerschütterliche Bereitschaft, sich in falscher Gewissheit zu wiegen. Indes beschränkt sich dieser Moment des Sich-selber-fremd-Werdens nicht auf die Vergangenheit. Wenn vermeintliche Normalität nichts ist als Täuschung, wenn Liebe die Maske des Hasses, Nähe abgründige Fremdheit sein kann, worauf ist dann noch Verlass? Wie kann man seinen Augen, seinem Sinnesapparat trauen? Wie kann man auf die Zukunft bauen, wenn man schon in der Vergangenheit nur ahnungslos durch ein Labyrinth geirrt ist? Sind diese Fragen für den Einzelnen bereits eine existenzielle Erschütterung, um wieviel größer wird dieser Schock wohl sein, wenn er eine ganze Gesellschaft affiziert? Hier nähern wir uns jener Logik, die Adorno mit dem Begriff des ›allgemeinen Verblendungszusammenhangs‹ gefasst hat. Denn die Bereitschaft, sich in falscher Gewissheit zu wiegen, kann ihrerseits zu einer Ökonomie, ja, zu einer systematisch betriebenen Form der Wirklichkeitsverweigerung werden. In diesem Sinn verschlägt es nicht viel, ob der eine oder andere Zweifel an der Sinnhaftigkeit seines Tuns hegt – entscheidend ist allein die gesellschaftliche Valorisierung bestimmter Vorgänge: sie bestimmt, ob eine Geste ihr Geld wert ist oder nicht. Weil man die *conditio socialis* für das Realitätsprinzip hält, lässt sich leicht übersehen, dass die miteinander interagierenden Elemente vor allem der Aufrechterhaltung des gemeinschaftlichen Scheins dienen, während sich untergründig eine tektonische Verschiebung eingestellt hat. Weil das Gesellschaftssystem ein langsamer Tanker, zugleich auf das Feinste kalibriert und austariert ist, ist die Begegnung mit dem Fremdkörper (dem Einer-im-andern) von immenser Wucht. Hätten die Passagiere der Diamond Princess ahnen können, dass die Reise, die sie bei der Carnival Corporation gebucht hatten, in einen Horrortrip einmünden würde, ja, dass das Kreuzfahrtschiff, der Inbegriff des luxurierenden Daseins, sich zu einem mobilen Versuchslabor wandeln würde? Gewiss wohnt dem Ausbruch der Pandemie eine gewisse Zufälligkeit inne, dennoch mutet das zur Quarantänestation gewordene Kreuzfahrtschiff wie eine Metapher an: Hier schlägt die Weltflucht des letzten Menschen in blanken Horror um. Dieser Stimmungsumschlag vertreibt nicht nur die heitere Sorglosigkeit der Kreuzfahrerschar, sondern zieht vor allem das geistige Navigationssystem, das Selbstverständnis in Mitleidenschaft. Bis zum Ausbruch der Pandemie nämlich hätte ein jeder den Gedanken, Teil eines viralen Gesellschaftsgefüges zu sein, mit Vehemenz von sich gewiesen. Das postmoderne Narrativ jedenfalls, das sich mit dem Beginn des Computerzeitalters herausgebildet hat, behauptet das ganze Gegenteil. In dessen Geschichte tritt das selbstbestimmte Individuum aus dem Dunkel der gesellschaftlichen Normen und ihrer Beschränktheit heraus und erlebt, enthusiasmiert, die Verheißung des *Anything goes*: die Freiheit, sich selbst realisieren zu können.[9] Dieses Pathos der Selbstzeugung konfligiert mit einer sonderbaren Gleichschaltung der Lebensstile. Die Königskinder, die uns auf ihren Instagram-Accounts mit ihrer Weltsicht beglücken, erweisen sich, dem Beuys'schen Generalverdacht spottend (»Jeder ist ein Künstler«), bestenfalls als Kopisten, ihre unverdrossene Behauptung, ganz sie selbst zu sein, als heilige Einfalt: *I, me and myself*. So realisiert sich der Influencer, indem er das eigene Leben zum Verkaufskatalog macht, verendet umkehrt das heroische Selbstverwirklichungsprojekt in der Identitätspolitik – in jedem Fall aber hat man es mit einem Abgesang auf das postmoderne Freiheitsversprechen zu tun.

Krieg

Stell dir vor, es ist Krieg, aber niemand hat ihn erklärt. Niemand hat den vermeintlichen Angriff mit der Erklärung beantwortet, man schieße zurück.

Es gibt keinen Schuldigen, der satisfaktionsfähig wäre. Clausewitz, der den Krieg auf die Urszene des Zweikampfes zurückgeführt hat, wäre ratlos in Anbetracht eines Gegners, der durch Abwesenheit glänzt. Tritt der Ernstfall ein, stirbt der Betreffende nicht von der Hand eines Feindes, sondern ertrinkt in der eigenen Lunge, überwältigt von einer Überreaktion des eigenen Immunsystems. Man kann frohlocken, dass es die Ungläubigen trifft oder die alten, weißen Männer, aber diese Haltung ist so töricht wie der Spott der Normannen, die sich zu den Zeiten der Pest darüber mokierten, wie schnell ihre bretonischen Nachbarn dahingerafft wurden. Den Gegner bekümmert es nicht, welcher Religion, welcher Ideologie oder welcher privilegierten Kaste ich angehöre. Er schlägt zu, unterschiedslos. Nein, er schlägt nicht einmal zu, sondern überlässt die Kampfhandlungen mir. Wenn mein Schutzschild zu meinem ärgsten Feind werden kann, so deswegen, weil es nicht für diese Form der Kriegsführung gewappnet ist. Stattdessen wendet es sich gegen mich selbst und wird zur Autodestruktion, ähnlich widersinnig wie ein Selbstmord aus Angst vor dem Tod. Nein, dieser Krieg ist nicht erklärt worden – und er wird nicht erklärt werden können.

Wie man weiß, beginnt der Krieg dort, wo die Zwiesprache endet. Befremdlich bloß: Es hat gar keine Zwiesprache gegeben, keine Auseinandersetzung, nichts. Gewiss, vor Jahren einmal hat sich eine Kommission der pandemischen Drohung gewidmet, aber niemand hat sich für die Ergebnisse ihres Nachdenkens interessiert. So gering war das Interesse, dass man, um Lagerkosten zu sparen, sich all der Schutzmaterialien entledigte, der Visiere, Masken, Schutzanzüge. In jedem Fall ist der Krieg zuallererst – eine Diskurskatastrophe. Indem er (als drohender Fremdkörper) in unsere Gegenwart tritt, lässt er die Sprachlosigkeit laut werden. Umgekehrt lassen die Slogans von gestern eine schrille, unerträgliche Leichtfertigkeit durchklingen. Gewiss, man sieht sie noch immer, die alten Bekannten, die unsere Talkshows bevölkern. Jedoch muten ihre Vorkriegsweisheiten wie ein nachblubbernder Motor an, das Gebrabbel eines Greises, der nur mehr vor sich hin bramarbasiert. Wenn das erste Opfer des Krieges die Wahrheit ist, müssten wir eingestehen, dass all das, was wir für wahr oder sozial akzeptabel gehalten haben, sich in Schall und Rauch aufgelöst hat. Es hat uns die Sprache verschlagen. Das ist die Lektion. Dass sich nichts mehr von selbst versteht, sondern dass wir uns auf die Umwertung aller Werte einstellen müssen. *Fair is foul and foul is fair!* Gewiss ist nur: Der Ernstfall ist da – und es ist gleichgültig, mit welchen Attributen wir ihn belegen. Nein, ärger noch: Was gestern gut und wünschenswert war, gilt heute als ärgste Gefahr. Haben wir die gesellschaftliche Nähe gepredigt, ist Distanz zur höchsten Bürgerpflicht avanciert. Selbst der freundlichste, durch und durch gut meinende Nachbar wird plötzlich als Gefährder, als potenzieller Virenträger betrachtet! Die Ortlosigkeit des Krieges schlägt uns mit dem Gefühl umfassender Wehrlosigkeit. Mag sein, dass wir uns der Paranoia, mit ihren überschießenden Angstattacken, zu erwehren vermögen, dennoch ist die Schlussfolgerung bitter: Nicht wir entscheiden darüber, was richtig und falsch ist, sondern – ja, wer? Die Umstände? Aber die Umstände, die allerlei Unbekannte enthalten, laufen auf nichts Geringeres als eine Form der Notstandserklärung hinaus. Ach, wären doch wenigstens die Frontlinien klar! Hat uns die asymmetrische Kriegsführung gelehrt, dass der Terror sich in der Gestalt des Schläfers verbirgt, so lauert die Gefahr nun allüberall. Es sind nicht die Menschen allein, auch ihre Spuren sind eine Bedrohung. Der Terror klebt an der Türklinke, am Ziffernblock des Bankautomaten, am Griff des Einkaufswagens. Er senkt sich in die Psyche hinab, als Memento all der Augenblicke, da man sich einer unkalkulierbaren Gefahr ausgesetzt hat. Selbst dort, wo man sich eremitengleich gegen die Außenwelt abschottet, ist man nicht sicher. Das Klingeln des Paketboten, der etwas für einen Nachbarn abgeben will. Werde ich öffnen? Jede Öffnung zur Außenwelt ist eine offene

Flanke. Und all diese Momente, da man sich für die Außenwelt geöffnet hat, nähren die Befürchtung, dass man dem Feind Einlass gewährt hat, dass er sich über die Schleimhäute eine Schneise ins Körperinnere geschlagen, dass er das Atemzentrum in seinen Besitz gebracht hat. Nein, das Einer-im-andern ist keine Metapher, vielmehr beschreibt es (als Nachtseite der Netzwerkgesellschaft) das Wesen der Pandemie. Das drohende Inferno: der Feind im eigenen Leib. Der Feind, der sich an jedem Atemzug nährt. Macht er sich als Kratzen im Hals bemerkbar, ist es zu spät. Selbst wenn ich mich gesund und unversehrt wähne, mag ich längst infiziert sein. Ohne es zu wissen, bin ich zum Fremdkörper geworden, der seine Umgebung bedroht. In diesem Umschlag ist selbst die Möglichkeit des Heldentods dispensiert, ist es unmöglich, dass man sich für seine Liebsten aufopfert. In einer *reductio ad absurdum* wird die eigene Existenz auf die nackte Körperlichkeit reduziert – Absicht, Wille und Motivation geraten zu bedeutungslosen Anhängseln. Wenn es eine *res cogitans* gibt, so liegt sie allein in der Apparatur, die das Testergebnis ausspuckt. Die Drohung, dass ich positiv sein könnte – und die Unmöglichkeit, diese Frage selbst beantworten zu können. In diesem Sinn souffliert mir der Feind jene Unsäglichkeit, welche die Überbietungsmaschine, Hollywoods Traumfabrik, verlässlich ausgespuckt hat: »Du bist tot. Du weißt es bloß nicht.« Der Tod hat keine Adresse – er ist ortlos, allgegenwärtig. Und hat er sich meiner bemächtigt, folgt er mir auf Schritt und Tritt. Mit diesem Gegner zu kämpfen heißt, sich mit dem eigenen Schatten herumzuschlagen. Das ist neu: dass die Intimität, das Bei-sich-Sein zur Kampfzone wird: der Griff ins Gesicht, das Reiben der Augen, all die Automatismen, die man nicht zu kontrollieren vermag. Als der Physiker Richard Feynman die Ära der Nanophysik mit den Worten *There's plenty of room at the bottom* einleitete, hat er en passant die Verlagerung der modernen Kampfzone deutlich gemacht: vom Plusultra (der Außenwelt) zum Plusintra (der Innenwelt). Das ist die Lektion. Der Krieg findet im eigenen Innern statt, in radikaler Einsamkeit. Und das letzte, was ich dabei zu Gesicht bekommen werde: das Visier eines Menschen, der sich, zur Wehr gegen meine letzten Atemzüge, in einen Schutzanzug gehüllt hat.

Stadien der Eskalation

Pandemie

Die Pandemie ist der Begleiter der Netzwerkgesellschaft, ihr böser Zwilling, wenn man so will. Wenn die Pandemie als Feind und Fremdkörper erscheint, so gilt, was Theodor Däubler gesagt hat: »Der Feind ist unsere eigene Frage als Gestalt«.[10] In der Pandemie begegnen wir all jenen Fragen, die nicht gestellt worden sind, die aber als überlebensgroßer Schatten der Ereignisse im Hintergrund westen. Die Theologen kennen die Figur des *deus absconditus*, des verborgenen Gottes. Im Virus sehen wir den *daemon absconditus*, oder in moderner Form: ein Verdrängtes, das eine neurotische Gestalt angenommen hat. Aber weil dieser Dämon von Natur aus übergriffig ist, lässt er sich nicht ins Dunkel des Unbewussten verbannen. Er bleibt, auch wenn ich mich weigere, seine Gegenwart zur Kenntnis nehmen zu wollen. Dabei unterscheidet sich die Drohung, die von ihm ausgeht, nicht von dem, was als Betriebssystem unsere digitale Welt überhaupt charakterisiert: dass wir mit gestalt- und ortlosen Zeichen operieren, die sich unserem Sinnesapparat entziehen. Um zu wissen, ob wir uns gerade ins kabellose Netz eingeklinkt haben, bedürfen wir eines Vermittlers, der uns diese Statusänderung anzeigt. Insofern weist uns der Dämon der Abstraktion nur ein Interface zu: eine Benutzermaske. Ansonsten aber hüllt er sich in tiefes Schweigen: das Rätsel telematischer Allgegenwart. Auf einer abstrakten Ebene wissen wir schon, dass wir im Umgang mit den Zeichen zu Bewohnern einer nur durch Symbole vermittelten Welt geworden sind, ja, dass gesellschaftliche Entscheidungsprozesse zunehmend auf der Basis von Daten erfolgen. Aber wer entscheidet? Und wo wird entschieden? Mit dieser Frage erhebt der Dämon sein Haupt. Seine schweigende, ortlose Anwesenheit ist eine Bedrohung, in der sich unsere tiefsten Ängste verdichten, zu jenem schwärzesten Schwarz, das noch das eigene Heim verlässlich zum Panikraum wandelt. Vor diesem Hintergrund ist die Verschwörungstheorie, die das Virus mit der 5G-Technologie koppelt (Bios und Technik also in eins fließen lässt), von geradezu sinnstiftender Prägnanz. Behaupten die einen, dass die Technologie das Immunsystem schwäche, machen andere die Technik selbst für die Infektion verantwortlich (beides ein Grund, die Mobilfunkmasten kurzerhand in Flammen aufgehen zu lassen). Es ist also die Abstraktheit selbst – das Asymptomatische, wenn man so will –, welche die wildesten Theorien ins Kraut schießen lässt. Ihr Ziel freilich ist von ermüdender Gleichförmigkeit. Weil es der Verschwörungstheorie vor allem darum geht, die Drohung der Abstraktion aus der Welt zu verbannen, muss der ortlose Dämon zu einem persönlichen Gegenüber zurechtgestutzt werden. Also fragt man: Wer profitiert davon, dass das Gespenst der Pandemie umgeht? Richtig, die Herren der Digitalisierung. Diejenigen, denen es schon immer darum zu tun war, dem Einzelnen einen Chip in den Körper zu pflanzen und ihn in eine Form der Datenknechtschaft zu stürzen, die ärgste und subtilste Herrschaft, die ein boshafter Weltgeist sich ausdenken kann. Diese Antwort mag den Intellekt beleidigen, sie hat aber den Vorzug, dass sie, indem sie den Gegner personalisiert, das eigentliche Problem aus dem Blickfeld verbannt. In diesem Punkt sind sich die Erklärungsmuster allesamt gleich (und ähneln darin ihrem historischen Urbild von der jüdischen Weltverschwörung). Sie versprechen, dass in dem Augenblick, da man den hinter der Verschwörung lauernden Agenten stoppt, die bösartige Machination beendet, das Problem mithin aus der Welt geschafft sei. Demgemäß ist ihr Schlachtruf: Satisfaktion! Aber genau das kann und wird nicht geschehen, denn der *daemon absconditus* geht über den Sinnesapparat hinaus, er herrscht in der Gestaltlosigkeit.

Was hier als somatisches Geschehen dargestellt wird, ist nichts anderes als die Begegnung mit einem geistigen Fremdkörper, der, anders als der Popanz der Verschwörungstheorien, nicht satisfaktionsfähig ist – und sein kann.

Herdenimmunität

Mit der Rede von der *Herdenimmunität* kommt ein Betrachtungswinkel ins Spiel, der kulturell tabuisiert war, ja, den ich nur als Nachflimmern meiner Nietzsche-Lektüre im Gedächtnis habe: der Mensch als Herdentier. Ich erinnere mich an meine Verwunderung, als der Leiter des Robert-Koch-Instituts diesen Begriff in den Mund nahm (und dass ich versuchte, die dazugehörige Geste in den Bewegungen seiner Taubstummenübersetzerin auszumachen). Nicht, dass der Begriff unverständlich gewesen wäre. Was die Erwähnung des Wortes anstieß, war die Gewissheit, dass es in Zeiten der Political Correctness an eine Unsäglichkeit rührt. Offenkundig war sich der Vortragende, ein ehemaliger Veterinär, keineswegs über die Fallhöhe dieses Wortes im Klaren. Stattdessen nahm er es mit größter Selbstverständlichkeit in den Mund, als bloßen *terminus technicus*, der sich ganz aus der Natur der Sache ergibt. Kontrastiert man die Brutalität des Begriffs mit den Sprachverrenkungen, welche die

Advokaten der Diversität sich auferlegen, kommt dieser Ausspruch einem Himmelsturz gleich. Da geht es aus der Welt der Schneeflocken in die *cloaca maxima* hinab, jenen Stall, den der Virologe über die Erlangung der Herdenimmunität auszumisten sich anschickt. Dennoch handelt es sich nicht bloß um eine Frage des Stils oder der Tonalität. Die Gedankenfiguren, die mit dem Begriff der Herdenimmunität in den Diskurs einziehen, tragen eine sozialdarwinistische Signatur: Da werden die Alten gegen die Jungen aufgewogen, wird die Vorerkrankung, der Bluthochdruck, zum Stigma erklärt, entsteht, in der Notwendigkeit zur Triage, eine Scheidung in lebenswertes und lebensunwertes Leben. Und weil es die Richtigen trifft (die alten, weißen Männer), kann der Diskurs der Hypermoralität, identitätspolitisch armiert, unverhofft ins blanke Ressentiment umkippen. Belegen derlei Entgleisungen nur, dass die moralische Empfindsamkeit sich aus fragwürdigen Quellen speist – »Moralität ist der Herden-Instinct im Einzelnen«,[11] wie Nietzsche sagt –, stützt sich das Beharren auf Herdenimmunität nur auf den Wunsch, so schnell wie möglich zum *status quo ante* zurückzukehren, zurück in die Normalität! Was aber ist die Normalität? Nichts als das Phantasma von Normalität: der gewohnte Trott, ein Alltag, der sich von der Notwendigkeit zur Geistesgegenwart, der Mühe des

Selberdenkens befreit hat, entschieden, die Wörter zum Nennwert zu nehmen. Das Wortgeklingel der Talkshows: eine trottende Herde, die sich dazu in Sicherheit wiegt. In diesem Sinn ist die Normalität das Anästhetikum, mit dem sich die virale Gesellschaft gegen die Außenwelt wappnet: selbstgewählter Verblendungszusammenhang. Paradoxerweise treten in diesem Abwehr- und Immunisierungsversuch vor allem die Gesetze der Netzwerkgesellschaft hervor – jene Gesetze, die den Ausbruch der Pandemie doch mitverursacht haben. War es nicht so, dass im Augenblick, da die Krise in Wuhan ihren Ausgang nahm, die Börsen Höchststände erklommen – und man das Geschehen in China als Randnotiz, ja als ethnografische Aberration abhandelte? Wildtiermärkte! Und was war diese kollektive Indolenz anderes als – Herdentrieb? Zu den Zeiten, als die Dotcom-Blase platzte, machte ein Begriff die Runde, in dem das Herdenverhalten als eine Form des Erfolgsprinzips gefeiert wurde. Weil die weniger kritischen Geister bereit waren, jeder noch so abseitigen Geschäftsidee Glauben zu schenken, und weil die Kurse gleichzeitig in unerreichte Höhen stürmten, galt Leichtgläubigkeit als strategischer Vorteil – ein Vorteil, dem man das wenig schmeichelhafte Epitheton des ›Dummenbonus‹ zudachte. Dieser Bonus ist zu einem verlässlichen Begleiter der viralen Gesellschaft geworden. Weil man hier die Apotheose der Beschränkung feiert, stehen Geister im Scheinwerferlicht, in denen der Dummenbonus zur kristallinen Gestalt findet. Könnte man hier *pars pro toto* den Bleichmittel-Auftritt Donald Trumps anführen,[12] erweisen sich auch Kampagnen wie #MeeToo oder #wirsindmehr als Spitzen eines viralen Konformismus, der im Namen der Diversität die individuelle Deviation, die Abweichung von der Mehrheit unter Generalverdacht stellt. Schaut man auf die vergleichsweise kurze Geschichte des Internets zurück, lässt sich feststellen, dass das Internet weniger der Augmentation des Weltwissens gedient als vielmehr dem sozialen Herdenverhalten in die Hände gespielt hat: dem Aggregat, der Gruppenidentität. Was man Filterblase nennt, dient als symbolischer Schutzanzug, mit dem sich ein Phantasma von Normalität aufrechterhalten lässt. Haben wir es also hier mit einer Herdenimmunität *avant la lettre* zu tun? Ja und nein. Ja, insofern dieses Phantasma nicht dem Prozess der Individuation souffliert, sondern einer Gruppenidentität. Nein, weil der Rekurs auf die Herde einen Biologismus einführt, der sich in Anbetracht der symbolischen Ordnung verbietet. Das lateinische *immunitas* bezieht sich nicht auf die körperliche Unverwundbarkeit, sondern meint das Freisein von Abgaben und Tributpflichten.[13] In diesem Sinn ist die beschworene Herdenimmunität ein

Phantasma: der Wunsch, sich den Gesetzen der Netzwerkgesellschaft nicht beugen zu müssen. Dennoch: die virale Gesellschaft wird in der Pandemie weniger mit der Natur als mit sich selbst konfrontiert: ihrer Ökonomie, ihrer Mobilität, ihrer inneren Logik.

Lockdown

Vielleicht hätte man statt von einem Lockdown (der Ausgangssperre) von einem Shutdown sprechen müssen, einem Stillstand, nein, einer Stilllegung aller Aktivitäten. Zweifellos ist der Anglizismus (ob er nun trifft oder nicht) ein probates Mittel, um sich mit der Fremdartigkeit der Situation vertraut zu machen. Vor allem hilft er, das martialische Sirenengeheul zu übertönen, das die Verhängung einer Ausgangssperre evoziert hätte. Das ist der Unterschied. Da ist nichts mehr als Stille, das Gefühl, als wäre die Millionenstadt in einen Dornröschenschlaf gefallen. Dass die Stille nicht die Ruhe vor dem Sturm, sondern der Sturm selbst ist, ist vielleicht das Befremdlichste dieser Situation. Als ob man in ein schwarzes Loch, in einen Medusenkopf hineinschauen würde: menschenleere, verlassene Straßen, Bilder wie aus dem *Omega-Mann*. Dabei ist diese soziale Erstarrung fast noch unheimlicher als die Erregung, die mit dem Ausbruch eines Krieges einhergeht. Denn hier wird man zum Nullpunkt des Sozialen hinabgeführt. Das Elend der Welt rührt eben daher, dass der Mensch nicht allein in seinem Zimmer sein kann. Nun aber ist das Elend der Welt bei sich selbst angekommen: allein zuhaus. Und mit dem *horror vacui* kommen die Fragen und Zweifel, die das Getöse der Welt nicht hat laut werden lassen. In seiner *Überflussgesellschaft* hat der amerikanische Ökonom John Kenneth Galbraith die Frage gestellt, was mit einer Gesellschaft passiert, die sich beim Übergang in die Kriegswirtschaft mit der Frage des Lebensnotwendigen konfrontiert sieht.[14] Seine Mutmaßung: Eine solche Frage würde an den Tag bringen, dass gut 90 Prozent der Güter und Dienstleistungen überflüssig sind und man ihrer zum Überleben nicht bedarf. Restaurants, Oper, Kunst und Kultur? – kann alles weg. Die Frage danach, was der Mensch braucht, ist von einer gnadenlosen Brutalität. Ein merkwürdiges Exempel dieses Nullpunkts findet sich in Shakespeares *King Lear*, in dem der alternde Herrscher sein Königreich unter seinen beiden älteren Töchtern verteilt, indes die Jüngste, die ihm den erzwungenen Liebesbeweis verweigert, leer ausgeht. Da sich der abgedankte König bei seinen Töchtern einnistet, beschweren sich diese über das Treiben seines Hofstaates und insistieren darauf, dass er sein Gefolge verkleinere. Regan, die zweite Tochter, bringt die Frage schließlich auf dem Punkt: *Was braucht der Mensch?* Mit dieser Frage wird der König auf die nackte Physis, seine körperlichen Bedürfnisse reduziert. Zugleich wird das Geflecht seines reisenden Hofstaats zerstört, das soziale Band, das sich mittels des Tausches, über Gabe und Gegengabe, erhält. Die Reduktion auf das Individuum, in seiner bloßen Körperlichkeit, markiert das Ende des Feudalismus – und bringt zugleich die kapitalistische Ratio ins Spiel. Der Narr, der letzte Begleiter auf dieser Reise ins Nichts, führt dem entthronten König diese Logik vor: »Nun bist du eine Null ohne Ziffern: ich bin jetzt mehr als du: ich bin ein Narr, du bist nichts.« Während der Narr noch eine Form der beschädigten Identität geltend machen kann, ist der König nichts weiter als das Symbol, das seines Körpers (seiner Insignien, seines Hofstaats) verlustig gegangen ist. Und diese Einsicht wiederum raubt dem König seinen Verstand. Jedoch ist der Wahn, in den der König versinkt, kein individuelles Schicksal. Vielmehr hat man es mit dem Symptom eines kollektiven Deliriums zu tun – was Shakespeare in der darauffolgenden Regieanweisung deutlich macht, die als Wetteransage alle betrifft: *Storm and tempest.*

Auf analoge Weise stürzt der Lockdown die virale Gesellschaft ins Nichts, dorthin, wo sie mit ihrem Phantasma konfrontiert wird. Urplötzlich nämlich wird sichtbar, dass ein Großteil des sozialen Gewebes nicht der Lebensnotwendigkeit folgt, sondern eine klandestine Form des Überflusses darstellt: All die Messen, Geschäftsessen, Konferenzen und Meetings folgen keiner Notwendigkeit, sie sind vielmehr Gelage des Kapitalismus, und ihr eigentlicher Zweck besteht darin, dass sie das soziale Gefüge mit einem narzisstischen Vergrößerungsspiegel ausstatten. Muss man eine akademische Konferenz ausrichten, wenn die Betreffenden den Text lesen oder ihn in audiovisueller Form streamen können? Ist das Motivationsseminar, bei dem die Beteiligten sich die gehörige Dosis Dopamin verabreichen lassen, wirklich unerlässlich? Und ist all das, was an diesem Treiben hängt – die Flugreisen, Taxifahrten, Hotelbuchungen, Sightseeing-Touren, ja, selbst der Nachtclub-Besuch oder die Buchung einer Hostess – notwendig? Sind all diese Dinge nicht Teil einer Luxusveranstaltung, die sich mit der Frage: *Was braucht der Mensch?* in nichts auflösen muss? Dieses Nichts ist aber zugleich auch der Klebstoff, der die Gesellschaft (wie den Hofstaat des Königs) zusammenhält. So besehen ist die Gesellschaft weniger Überlebenssystem denn Spiegelkabinett: ein vielfach reflektierendes System aus Geben und Nehmen, Übertragungen, Phantasmen und Spiegelgebärden. Erst in dem Augenblick, da man aus diesem hinaustritt und die Frage der Lebensnotwendigkeit stellt, kann man auf den Gedanken verfallen, dass es den Charakter des Überflüssigen und Luxurierenden trägt. Es ist also die Frage nach dem Lebensnotwendigen, welche sich als bestialisch erweist. Oder wie König Lear sagt: »Gib der Natur nur das, was nötig ist, / So gilt des Menschen Leben wie des Tiers.«

Systemrelevanz

Während in der Finanzkrise von 2008 die Banken ›Systemrelevanz‹ für sich reklamierten (womit ausgerechnet die Brandstifter sich als Löschmannschaften gerierten), geht die aktuelle Frage nach der Systemrelevanz deutlich tiefer. Denn weil die Pandemie unter die Haut geht, stehen die überlebensnotwendigen Bereiche der Gesellschaft im Fokus: die Landwirtschaft und jene Dienstleistungen, die der Gesundheit und dem körperlichen Wohlbefinden dienen. Hat man derlei für selbstverständlich gehalten, lassen sich die Kundgebungen, bei denen man den Kassiererinnen, dem Klinikpersonal und den Ärzten dafür Dank sagt, als eine Form des gesellschaftlichen *memento mori* auffassen. Dieser Rückbesinnung auf die Natur und das Existenzielle steht entgegen, dass der andere systemrelevante Sektor den »körpernahen Dienstleistungen« und der Präsenz nicht ferner sein könnte. Dass sich ausgerechnet die digitale Hinterwelt als das eigentliche Überlebenssystem des zeitgenössischen Kapitalismus erweist, ist die vielleicht überraschendste Lektion der Pandemie. Sie lässt erahnen, dass die Feiern, die wir unseren Helden widmen, ein vorweggenommener Heldentod sein könnten. Sehr bald schon wird man sich mit *Just-Walk-Out*-Kassen vertraut machen, ebenso wie man sich an den unaufhaltsamen Vormarsch von Reinigungs- und Versorgungsrobotern, an autonome Lieferfahrzeuge, Drohnen und elektronische Erntehelfer gewöhnen wird. Konnten sich die Verächter des Fortschritts in der Vergangenheit noch damit brüsten, ganz analog und authentisch zu sein, erweisen sich derlei Selbstverlautbarungen als Selbstirreführung, ja, als eine Form der *Negidentität*. Sie taugen nur als trotzige Widerstandsgesten, die in der Emphase der Verneinung ihre Abhängigkeit nur unterstreichen. Die Behauptung, *unplugged* zu agieren, macht nur dort Sinn, wo die Vernetzung bereits der Normalzustand ist. Tatsächlich verweist bereits das Wort auf das Einer-im-andern, die verdrängte *conditio socialis* der Netzwerkgesellschaft. In diesem Sinn lässt der Verweis auf die Systemrelevanz die Widersprüche des Denkens hervortreten: dass der Mensch, rein ökonomisch betrachtet, zum Luxusprodukt wird. Unter den obwaltenden Bedingungen jedenfalls ist die Rückbesinnung auf das Existenzielle keineswegs identisch mit einer Stärkung des ›Humankapitals‹. Ganz im Gegenteil! In der Pandemie ist der Mensch ein Risikofaktor, derjenige, der das Virus in Kliniken und Altenheime einschleppt. Aus diesem Grund ist hier Vorsicht geboten, muss sich der natürliche Körper dem Reglement der Vernunft (Hygiene, Schutzkleidung, Isolation) unterwerfen. Was in der Apparatemedizin eine Selbstverständlichkeit ist, wird schrittweise auch in unseren Alltag einwandern. Demgemäß könnte man die vollständig vernetzte, von außen versorgte Wohnung als eine alltäglich gewordene Intensivstation auffassen. In jedem Sinn ist das Argument der Systemrelevanz überaus zweischneidig. Denn das System verlangt nach einer kompatiblen, systemischen Ratio, einer Ratio, die maschinenlesbar, dislozierbar und speicherbar ist. Schon das *24/7* des Dauerbetriebs zeigt, dass hier ein Widerspruch zwischen Mensch und Maschine aufklafft. Zugespitzt ließe sich sagen, dass nur das System systemrelevant ist, man es also mit einem Entwurf für eine Welt ohne Menschen zu tun hat. Diese Form der *Neganthropie* muss nicht notwendigerweise auf eine Herabsetzung des Menschengeschlechts hinweisen, sie beschreibt zunächst einmal nichts anderes als jenen konstitutionell weltfremden Ort, der jeder universalen Maschine innewohnt. Anders gesagt: Mit der Frage nach der Systemrelevanz wird die Gesellschaft auf ihre symbolische Ordnung zurückgeworfen. Und diese wiederum ist eine Ordnung der *mechane*, also: Betrug an der Natur. Dies vor Augen, lässt sich das Paradox unserer Eingangsfrage auflösen: Zwar muss mit dem Rekurs auf die Systemrelevanz zwangsläufig auch die Natur ins Spiel kommen, aber die Mittel, mit denen man ihr zu Leibe rücken wird, fallen ins Reich der Maschine. In jedem Fall bezeugt die Anrufung der Systemrelevanz eine Veränderung des Systemischen selbst. Folglich wird dem Menschen selbst ein neuer Platz zuteil. Die digitale Ordnung allein vermag den Abstand zwischen den Menschen herzustellen, den Wiederausbruch des Virus zu verfolgen und Computermodelle zu berechnen, auf deren Basis Maßnahmen getroffen werden können, die ein erneutes Aufflammen von Krankheitsausbrüchen verhindern. Was wir als soziales Band bezeichnet und als zwischenmenschliche Unmittelbarkeit aufgefasst haben, wandert hinüber ins Netz. Nur in einer telematischen Welt lassen sich große Teile des Wirtschaftsgeschehens ins Homeoffice verlagern, ist ein symbolischer Schutzschirm zwischen den Kontrahenten etabliert. So konnte der Luftverkehr zwar um gute 90 Prozent einbrechen, dennoch führte dies nicht zu einem Abriss der Kommunikationsfäden. Was für die materiellen Güter zutrifft, erstreckt sich auch auf den

Geist: Dass das Coronavirus, mitsamt all seinen Kladen, so schnell dechiffriert werden konnte, basiert neben dem Echtzeitaustausch der Virologen-Community auf dem Zuhandensein von Gensequenzierern (wie dem Oxford Nanopore), welche eine Dechiffrierung in Echtzeit ermöglichen – etwas, wozu kein Mensch imstande wäre.[15] So besehen war und ist die digitale Ordnung eine *conditio sine qua non*, um das epidemiologische Geschehen im Griff zu behalten. Wenn nun Gott und die Welt Systemrelevanz für sich reklamieren, enthüllt sich hier die eigentliche Bedeutung des Wortes: dass man es mit einem System zu tun hat, das anderen Gesetzmäßigkeiten folgt als jenen, denen man bislang Glauben geschenkt hat. In einer Welt, in der alles jederzeit und überall reproduziert werden kann – und zwar *ad libitum* –, sind die Gewissheiten der Güter- und Mangelökonomie obsolet – und mit ihnen: die Fundamente des klassischen Kapitalismus. Der Mehrwert besteht fortan nicht mehr darin, dass ein Gut von A nach B transportiert wird, sondern darin, dass man sich jederzeit und überall ein Wissen über das betreffende Gut aneignen kann – selbst dort, wo es (wie das Virus) zunächst eine unbekannte Größe darstellt. Das ist der Witz der Systemrelevanz: dass sie die Krise des Systems ausloten hilft.

Social Distancing

Die mittelalterlichen Maßnahmen, mit denen man sich vor der Pest zu schützen suchte, liefen allesamt auf eine räumliche Distanzierung hinaus: die Schließung der öffentlichen Bäder, das vor den Stadtmauern errichtete Hospital, der Pestbrief des Kaufmanns. Letzteren ließ man sich mit eisernen Zangen übergeben und räucherte ihn mit Schwefel aus, bevor man entschied, den Aspiranten abzuweisen oder ihn in eine Quarantänestation einzulassen. Hier musste der Betreffende eine dreißigtägige (*trentana*), später eine vierzigtägige (*quarantana*) Isolation über sich ergehen lassen, erst dann durfte er sich frei in der Stadt bewegen.[16] Erkennen wir im mittelalterlichen Pestbrief einen Prototypen unseres Reisepasses, bezeugen derlei Maßnahmen, dass der Pestverlauf mit einem Zusammenbruch des öffentlichen Raums einherging. Man hörte einfach auf, öffentliche Bäder, Kathedralen und Universitäten zu errichten – und zog sich stattdessen ins eigene Heim zurück. Nicht selten stattete man dieses mit einem Privataltar aus, der, wie im Triptychon des Jan van Eyck, die Kathedrale oder den freien, öffentlichen Raum zumindest als Bildsurrogat in Erinnerung hielt. So besehen sind auch die heutigen Praktiken, mit ihren Grenzzäunen, Kontaktverboten und Ausgrenzungsmaßnahmen, nichts als ein Wiederaufguss mittelalterlicher Praktiken. Im Gegensatz zu den Menschen des Mittelalters jedoch, denen die Übertragungswege der Seuche unklar waren (man glaubte lange, dass die Pestilenz sich über vergiftete Luft, *mal aria*, übertrage), besitzen wir eine präzise Kenntnis der Ursache, zudem eine Remedur: die Möglichkeit, den Verlust an physischer Nähe symbolisch zu kompensieren. Galt die virtuelle Realität bislang als strukturell defizientes Wirklichkeitssurrogat, wird sie in den Zeiten des Social Distancing zur Bürgerpflicht. Weil sich Nächstenliebe in Fernstenliebe verwandelt, sieht man den Papst auf einem menschenleeren Petersplatz eine Messe zelebrieren, indes die Gläubigen sich mit dem Bilderstrom des Ereignisses zufriedengeben müssen. Mit diesem Abstandswahrungsgebot konfrontiert, wird der Einzelne mit einer Spaltung konfrontiert, die sich als Konflikt zwischen den *Somewheres* und den *Anywheres* bereits politisch artikuliert hat: zwischen einer kosmopolitisch agierenden, symbolisch vernetzten Elite einerseits und einer landgängerischen, regional verwurzelten Mehrheitsbevölkerung andererseits. Unter den Bedingungen der Pandemie jedoch zeigt sich, dass diese soziologische Klassifizierung auf ein inneres Schisma zurückgeht: auf ein Ich, das noch immer in einer bestimmten Umgebung beheimatet ist, zugleich aber in einem symbolisch entgrenzten Nirgendwo kommuniziert. Nun ist der Gang in die symbolische Welt keine Folge der Seuche, sondern ist mit den Jahren, der Generation der Digital Natives zumal, zu einem selbstverständlichen Teil des Alltags geworden. Demgemäß macht der Imperativ des Social Distancing nur einen etablierten Tatbestand sichtbar: Wenn Paare nicht mehr in der wirklichen Welt anbandeln, sondern einander auf Internetplattformen kennenlernen, ja, wenn bereits die unschuldige Diskotheken-Anmache ihren Urheber als digitalen Analphabeten entblößt (unbeleckt von den Gesetzen der *Tinder*-Welt), zeigt dies, in welchem Maße sich die Kommunikation in Richtung des *Anywhere* verschoben hat. Dies wirft die Frage auf, was eigentlich der Ort des Sozialen ist. Das lateinische *socius* lässt sich auf die indogermanische Wurzel **sekw* zurückführen, die im weitesten Sinne auf das Folgen und die Gefolgschaft abzielt (lat. *sequor*). Diese Raumdimension (die sich im *Sektor* zeigt) charakterisiert auch die Gesellschaft, die auf das Wort *Saal,* den großen Raum zurückgeht. Der Geselle ist mithin der Saalgenosse, Gesellschaft eine Form des räumlichen, geselligen Beisammenseins. Die Netzwerkgesellschaft freilich, welche den Einzelnen in ein atopisches *Anywhere* entlässt, ersetzt die regionale Verbundenheit durch ein symbolisches Band. Auf den Punkt gebracht: Soziale Bindung läuft online. Damit aber verlieren das Nachbarschaftliche und der Lokalpatriotismus ihre Bedeutung. Schon bei Rilke erscheint der Nachbar als ein an der Wahrnehmungsschwelle sich verlierendes Wesen (»du merkst es kaum und hast es gleich wieder vergessen«) – ein früher Beleg dafür, in welchem Maße die Deterritorialisierung der stete Begleiter der modernen Massengesellschaft ist. Die Netzwerkgesellschaft treibt diese Entwicklung auf die Spitze. Denn als globale Intimität, welche den Ort der sozialen Bindungen definiert, katapultiert sie das Soziale in die Virtualität – und verändert damit seinen Status. Gesellschaft ist nicht mehr etwas, das sich über eine Heimatregion, eine Nation oder ein *ius soli* herleiten lässt, sie etabliert sich über die magischen Kanäle: den Medienkonsum. Deren Weltverheißung kann die körperlich begrenzte Realität nicht standhalten. Interessanterweise beschreibt Rilke das nachbarliche Gespenst als Träger einer Seuche: »Sobald es dir aber unsichtbar auf irgendeine Weise ins Gehör gerät, so entwickelt es sich dort, es kriecht gleichsam aus, und man hat Fälle gesehen, wo es bis ins Gehirn vordrang und in diesem Organ verheerend gedieh, ähnlich den Pneumokokken des Hundes, die durch die Nase eindringen.«[17] Insofern macht das Virus nur deutlich, in welchem Maße das Social Distancing längst zur Realität geworden ist. Hat man das Vordringen des digitalen Paralleluniversums mit dem Makel des Scheinhaften und Unechten belegt, zeigt sich nun, dass der Ort der Entfremdung (unser *Second Life*) unsere eigentliche Heimstatt ist.

Homeschooling

Dass man von heute auf morgen sämtliche Bildungseinrichtungen schließen konnte, ist eine der sonderbarsten Begleiterscheinungen der Krise. Gehen wir nur ein, zwei Generationen zurück, hätte ein solcher Schritt nachgerade als Katastrophe gegolten. Mit der Schließung der Stadt-, Schul- oder Universitätsbibliotheken hätte man den Zugang zum Wissen blockiert, wäre eine ganze Population von der Wissensweitergabe ausgeschlossen worden. In Anbetracht der online verfügbaren Materialien konnte man diese Maßnahme jedoch durchsetzen – ohne dass sich jemand zu dem Hinweis bemüßigt gefühlt hätte, dass weder der Zweite Weltkrieg noch Bürgerkriege oder Systemzusammenbrüche Anlass zu solchen Schließungen gegeben hatten. Radikaler noch als diese Maßnahme ist die Auslagerung des Bildungsgeschehens ins Homeschooling. Zwar insinuiert der Begriff eine Fortsetzung des Unterrichts mit anderen Mitteln, jedoch ist dies kaum mehr als ein Etikettenschwindel. Von löblichen Ausnahmen abgesehen, raffte man sich bestenfalls zu einer Verkleisterung der Untätigkeit auf – was den Schluss nahelegt, dass die Bildungsrepublik Deutschland (mitsamt ihren verschiedenen Exzellenzinitiativen) nie etwas anderes war als ein Trugbild, mit dem man eine fortschreitende Bildungsverwahrlosung zu maskieren bestrebt war.

Dabei hat die geistige Entkernung weniger mit der Finanzierung als vielmehr mit einer Alphabetisierungsproblematik der Lehrenden zu tun. Gäbe es ein digitales Unterrichtswesen, das auch nur annähernd mit der programmatischen Komplexität der Computerspielindustrie mithalten könnte, wäre der schulischen Lehre schon vor geraumer Zeit eine Konkurrenz zugewachsen, die an ihrer Sinnhaftigkeit hätte zweifeln lassen. Bereits Marshall McLuhan hat von einem *classroom without walls* gesprochen, das heißt einer immateriellen Architektur, in der Lehrmaterialien, Gedanken, Annotationen, aber auch Hilfestellungen frei flottieren können. Dass ein Lehrer, vor einer Tafel stehend, ein ganzes Leben dieselbe Unterrichtsstunde wiederkäut, ist in Anbetracht audiovisueller Speichertechniken so absurd wie der Umstand, dass der Betreffende dies hinter geschlossenen Wänden tut – und zwar ohne je eine verlässliche Rückmeldung darüber zu bekommen, ob seine Vermittlungstätigkeit zu wünschen übrig lässt, und wenn, in welcher Form hier Abhilfe zu schaffen wäre. In der Kategorie eines *lernenden Systems* gesprochen, müsste man die

Schule als ein strukturell lernunfähiges System betrachten, das die vielfach beklagte Bildungsferne mit allen Kräften befördert.

Ein Beispiel, das *pars pro toto* für die Fehlausrichtung des ganzen Systems stehen soll: Im Jahr 1953 konstruierte der Biologe B. F. Skinner, im Anschluss an Sidney Presseys Selbstbewertungsmaschine, eine Box, bei der der Schüler eine Frage mit mehreren Antworten präsentiert bekam. Hatte der Schüler seine Antwort eingegeben, wurde ihm unmittelbar die Lösung rückgemeldet. Der Gedanke war, dass man mit einer solchen Apparatur einen psychologischen Mechanismus der Selbstbewertung in Gang setzen würde. Nun folgt zwar jedes Computerspiel dieser Logik, die Gralshüter der Bildung jedoch konnten sich nicht dazu bequemen, den Schülern eine solche Apparatur vorzusetzen. Vielmehr gingen sie dazu über, ganze Schulbücher mit Multiple Choice und Lückentext-Aufgaben zu füllen – eine Maßnahme, die ebenso grotesk erscheint wie jene Prüfung, der die mittelalterlichen Mönche die ersten Gutenberg-Bibeln unterzogen: Denn als trainierte Kopisten setzten sie sich an die Arbeit und überprüften die Bibeln, und zwar jedes einzelne Buch. Kurzum: Man unterwarf sich der Maschine (und entsorgte dabei das Ideal jeder *höheren Bildung*), beharrte aber, in der ausschließlichen Nutzung tradierter Kulturtechniken, auf pädagogischer

Immunität. Demgegenüber hätte ein modernes Feedbacksystem dazu geführt, dass der Schüler, statt sein Wissen von einem Lehrer evaluieren zu lassen, dies selbst hätte besorgen können. Wenn aber alle Bewegungen unseres Bildungssystems auf einen gedanklichen Limbo, einen Unterbietungswettbewerb abzielen (Modularisierung, Metrisierung und Ökonomisierung), ist es nur konsequent, dass dieser nicht mehr von einem Menschen, sondern einer Maschine besorgt wird. Stellt sich die Frage, was vom Lehrkörper bleibt. Kommt von ihm nichts als ein zaghaftes Hilf-dir-selbst!, wird sich früher oder später die Frage nach der Notwendigkeit dieser Veranstaltung stellen. Spätestens dann wird man entdecken, dass unser real existierendes Bildungssystem schon seit geraumer Zeit nicht viel mehr ist als eine Stätte der Scheinproduktion.

Maskenpflicht

Was für ein Wort! Versetzt man sich in die Zeit vor der Krise zurück, liegt auf der Hand, dass ein solcher Begriff geradezu undenkbar gewesen wäre. Das offene Gesicht war Obligo (eine Bürgerpflicht, die in juridischen Konstruktionen wie dem Vermummungsverbot, aber auch im Streit um den Schleier ihren Niederschlag gefunden hat). Gilt in der Philosophie die Wahrheit als das

Unverborgene, ist die Maske ein Synonym für die Nicht-Wahrheit, wenn nicht für eine böswillige Form der Verstellung. Nimmt man einen psychoanalytischen Standpunkt ein, begreift man jedoch, dass das Konzept einer vermeintlich unmaskierten, nackten Wahrheit seinerseits eine Monstrosität darstellt: eine narzisstische Allmachtsphantasie. Steigen wir zurück in die Formierung unseres Persönlichkeitsbildes, lernen wir, dass die *persona* die Maske ist, welche die Schauspieler im antiken Theater trugen. Diese Verbindung legt offen, dass die Person immer auch in bestimmte Rollenerwartungen und Verhaltenscodes eingebunden ist. Genau dieser Anspruch macht sich nun mit der Maskenpflicht geltend. Hatte man zunächst die Sinnlosigkeit der gewöhnlichen Maske ins Feld geführt (da sie nicht vor dem Virus zu schützen vermag), setzte sich alsbald die gesellschaftliche Betrachtungsweise durch: die Maske als Schutz des Anderen – als gesellschaftliche Reziprozität, die Sicherheit schafft. Über den Umweg der Pandemie kehrt die ethische Problematik zurück, bei der es zwischen den Rechten und Pflichten des Einzelnen (seiner Doppelgestalt als Einzelwesen und Gesellschaftstier) abzuwägen gilt. Dass Demonstranten verschiedentlich ein *Recht auf Krankheit* reklamierten, belegt nur, dass man es hier mit einem Grundrechtskonflikt zu tun hat, bei dem das Recht auf freie Persönlichkeitsentfaltung mit dem Recht auf körperliche Unversehrtheit streitet. Indem die Pandemie der Freiheit des Einzelnen (der Unmittelbarkeit, Authentizität und Echtheit im Schilde führt) das Bewusstsein der Fremdheit hinzugesellt (jener Distanz, die zu unterschreiten gefährlich ist), macht sie klar, dass auch das Persönlichkeitsbild ein gesellschaftlich vermitteltes ist. Die Person, auf ihren Ursprung zurückgeführt, ist, was durch die Maske hindurchtönt: Einer-im-andern. Mit der Maskenpflicht verschiebt sich der Ort der Kommunikation in Richtung Netzwerkgesellschaft. Nur im telematischen Gespräch kann man sich frei und unmaskiert zeigen. Merkwürdigerweise kommt es dadurch zu einer Besinnung auf das Wesentliche. Denn nimmt man all die Akzidenzien hinweg – die Requisiten der Kommunikation, die Kleidung, das Environment –, bleibt nichts als Unmittelbarkeit: eine Stimme und ein Gesicht, das auf dem Bildschirm erscheint. Bourdieus feine Unterschiede erweisen sich als eine Form der Sekundärwährung, denn ihnen kommt nur Gültigkeit zu, wo man *coram publico,* im Theater der Öffentlichkeit agiert. Das freigestellte Gegenüber hingegen, das im Homeoffice seinen Aufgaben nachgeht, ist seiner Wirkungssphäre und seines Bedeutungshalos entkleidet. Die Dramaturgie des Vorzimmers, ebenso wie die Zeichen der Macht, sind verschwunden. Stattdessen steht die

Frage im Raum, was es zu debattieren gilt. Kein Zufall, dass die endlosen Meetings der Vergangenheit, deren Binnenwährung vor allem die Geltungssucht war, sich als leeres Gerede von selbst erledigen. Wie bei Brecht, der davon sprach, dass eine Trompete irgendwann auf ihren Materialwert reduziert werde, wird das Gesagte auf seinen harten Kern hin befragt.

Homeoffice

Das Homeoffice ist eine Heimsuchung gleich im doppelten Sinn. Abgeschottet vom Rest der Welt kann der Einzelne, zum digitalen Nomaden geworden, seiner Arbeit nachgehen. Mag das Homeoffice für diejenigen, die mit ihrer Arbeit verheiratet sind, ein Paradies darstellen, bedeutet es für die Gesellschaftstiere eine Zumutung, umso mehr, wenn sie sich daran gewöhnt haben, die eigenen Kinder aushäusig ›parken‹ zu können. Just in dem Maße, in dem man das eigene Leben vergesellschaftet hat, wird das Homeoffice als Strafe empfunden, ja, mag es gar eine Form des Lagerkollers hervorrufen. Bei dieser Betrachtungsweise wird freilich das eigentliche Wunder übersehen – der Umstand, dass sich gesellschaftliche Arbeit überhaupt ins Homeoffice auslagern lässt. Dies ist nur möglich, weil die vernetzte Gesellschaft mit der Cloud, VPN und Telekonferenz-Werkzeugen eine Infrastruktur besitzt, die das klassische Büro zu ersetzen vermag. Wäre die Wirtschaft noch vor dreißig Jahren in Anbetracht eines totalen Lockdowns schlankweg kollabiert (weswegen sich wohl kein Politiker für solch drastische Maßnahmen hätte aussprechen können), kann der Kapitalismus im Homeoffice einen Zufluchtsort finden. Hier von einer Privatisierung der Arbeit zu sprechen, wäre jedoch falsch. Denn das Private stellt, mit einem Fenster zur Welt versehen, längst eine Mischform dar: eine globale Intimität. Hier vermengen sich Arbeit und Freizeit auf schwer fassliche Weise. In jedem Fall aber wird dieser Raum beständig von Botschaften durchkreuzt, die virtuell immer auch Aufforderungen sind, unverzüglich tätig zu werden. Insofern Arbeit zur Heimsuchung wird, löst sie das alte Regiment auf. Von der Manufaktur zur Fabrik, zum Großraumbüro – stets hat man die raumzeitliche Konzentration der Gewerke als Bedingung der Zusammenarbeit gedacht. In der Krise jedoch stellt diese Form, wie jedes unkontrollierte Menschenaggregat, eine Gefahr dar, die im Extremfall den Bestand der Korporation selbst gefährdet.[18] Dass man nicht mehr unter einem Dach zusammenarbeitet, sondern atopisch miteinander kommuniziert, verändert den Charakter der Arbeit. Nicht bloß, dass die Divertimenti des Alltags an Bedeutung verlieren (der Plausch am Kaffeeautomaten, der Flirt auf dem Flur), darüber hinaus kommt es zu einer weiteren Konzentration – nur dass es hier nicht um das raumzeitliche, sondern das inhaltliche Miteinander geht. In dem Maße, in dem die Struktur der Firma in den Hintergrund tritt, muss das gemeinsame Projekt in den Vordergrund treten (ja, passiert es nicht selten, dass seine Fadenscheinigkeit offenbar wird). Der radikalste Wandel jedoch besteht in der Verschriftlichung der Kommunikationsakte: Arbeit wird Schrieb. Mit der Schriftwerdung geht eine Form der Disziplinierung einher. Wo Arbeit in einen Arbeitsspeicher überführt wird, wird sie lesbar, treten Rationalitätsverluste, Schwachstellen und Dissonanzen hervor, kommt andererseits eine Reflexionsebene ins Spiel, die vordem undenkbar war. Das soziale Gewebe selbst (das Einer-im-andern) wird als Plastik erfahrbar, die analysiert, modelliert und programmiert werden kann.

Staatsversagen

Wie unter einem Brennglas macht die Krise die Dysfunktionalitäten der tradierten Arbeitsweisen, Übereinkünfte und Gewissheiten sichtbar. Hier ragen besonders die strukturell dem Wettbewerb entzogenen Bereiche heraus, staatliche Behörden vor allem. Weil man sich hier noch auf Aktenordner, Papier und Bleistift verlässt, führt die physische Entfernung vom Arbeitsplatz zum Stillstand, wenn nicht zur Lähmung des jeweiligen Sektors.[19] »Bis zur Einführung einer elektronisch gestützten Vorgangsbearbeitung verwendet der Behördenleiter den Grünstift und sein Vertreter den Rotstift«, heißt es in der Dienstordnung des Landes Sachsen (die das Datum des 28. Juni 2018 trägt). Konnten sich die Papiertiger bislang mit einem Verweis auf den Datenschutz herausreden, macht der Notstand deutlich, dass hier vor allem die Geistesträgheit am Werk ist, ein Mittagsdämon und Prokrastinationsungeheuer (den das Mittelalter als *acedia* der Trägheit des Herzens zurechnete und als Todsünde brandmarkte). Verglichen mit privatwirtschaftlichen Praktiken erweisen sich die real existierenden Staatskörper wie Überlebsel einer längst untergegangenen Welt: Heimstätten des Phlegmas, der Realitätsverleugnung und der Zukunftssabotage. Wenn der menschliche Faktor hier Urstände feiert, so nicht im Weber'schen Sinne (als eine der Privatwirtschaft überlegene Administrationsapparat), sondern weil man den inneren Widerstand zum Handlungsprinzip gemacht hat. Die Subversion steht freilich nicht im Dienste einer höheren Sache, sondern dient vor allem dem Eigenwohl der Staatsdiener selbst. Nun schaut die Abhalfterung des Staates auf eine lange Geschichte zurück, ein durchaus komplexes Geschehen, das mit dem Verweis auf den bösen Neoliberalismus höchst unzureichend erklärt werden kann. Ein Grund ist gewiss der Verlust an staatlicher Handlungsmacht, der sich mit dem Übergang ins *free floating* eingestellt hat – ihm verdankt die neoliberale Privatisierungslogik ihren Drive. Der zweite Grund hat mit der Kulturrevolution der 60er Jahre zu tun, welche die Idee eines benevolenten Souveräns durch den Generalverdacht eines schlechthin oppressiven Systems ersetzt hat – was die Kinder dieser Zeit nicht hinderte, den Marsch durch die Institutionen anzutreten. Folge dieser politischen wie ideologischen Schwächung war, dass man den Verlust an Macht und Legitimität durch eine beständige Ausweitung staatlicher Segnungen kompensierte – und damit einen höchst paradoxen Etatismus etablierte. Da Vater Staat sich zum allversorgenden Mutter-Staat wandelte, dehnte man die staatlichen Befugnisse just in dem Maße aus, in dem der Staat depotenziert wurde – mit der Folge, dass die Staatsschulden explodierten und die Disziplin der Symbolpolitik – also die Simulation staatlicher Gewalt – zur Höchstform auflief. Nicht nur, dass die staatlichen Segnungen in der Bevölkerung eine Vollkaskomentalität schürten, hinzu kam, dass der Staat zunehmend auch von seinen Bediensteten aufgefressen und als Sinekure missbraucht wurde. Bereits Nietzsche hat diese Krankheit zum Tode antizipiert: »Der Staat ist eine kluge Veranstaltung zum

Schutz der Individuen gegeneinander: übertreibt man seine Veredelung, so wird zuletzt das Individuum durch ihn geschwächt, ja aufgelöst – also der ursprüngliche Zweck des Staates am gründlichsten vereitelt.«[20] In der Tat wäre die Pandemie, bei der der Mensch – und sei es unwissentlich – des Menschen Wolf wird (die Hobbes'sche Anomie), jene Stunde, da der Staat seine Raison d'Être unter Beweis stellen könnte, und zwar dadurch, dass er die Individuen verlässlich voreinander zu schützen vermag. Versagt er dabei, werden seine Ordnungsfunktion und Legitimität in Frage gestellt. Zwar kann der Notstand kurzfristig zur Stärkung des Staates beitragen; langfristig jedoch werden seine offen zutage tretenden Dysfunktionalitäten eine weitere Schwächung bewirken. Denn wenn Politik die Kunst des Möglichen ist, ist das Menschenmögliche Pflicht. Was aber bedeutet dies: das Menschenmögliche? Nichts anderes als das, wozu uns unsere Technologie, oder genauer: unsere digitale Ordnung ermächtigt. Nimmt man unter diesen Auspizien die real existierenden staatlichen Institutionen ins Visier, ist klar, dass man der Krise mit Rotstift und Grünstift, mit Voluntarismus und Symbolpolitik nicht Herr werden kann. Allein der Umstand, dass man nicht einmal verlässliche Statistiken zu präsentieren vermag, zeigt, dass sich im Innern des Staates ein Vakuum breit gemacht hat.[21] Im Angesicht der Krise entpuppt sich der paradoxe Etatismus als Januskopf. Bezeugen die Einschnitte in die Bürgerrechte die Allgewalt des Staates, lässt die Rückseite seine vollständige Handlungsunfähigkeit erkennen. Während es bislang nicht weiter auffiel, dass das staatliche Monster vor allem in der Organisation der Verantwortungslosigkeit glänzte, ist nun ein multiples Organversagen zu beobachten. Dies aber geht nicht auf eine plötzliche Infektion, sondern auf chronische Krankheiten und lang ignorierte Missstände zurück. Was die Soziologen als *Broken-windows*-Phänomen beschreiben – womit jene Kettenreaktion gemeint ist, bei der einzelne Verwahrlosungsakte, zerbrochene Fenster, eingeschlagene Autoscheiben, eine Abwärtsspirale eines Stadtviertels nach sich ziehen –, lässt sich mühelos auch auf die staatlichen Institutionen übertragen. Haust sich die Trägheit in einer Behörde ein, führt dies dazu, dass man ihren ursprünglichen Zweck aus dem Auge verliert und sich stattdessen mit sorgsam verfolgten Unterlassungsmaßnahmen beschäftigt. Wo mehr Sand als Getriebe herrscht, kann die *ultima ratio* nur in der Simulation staatlicher Ordnung bestehen. Deren Fadenscheinigkeit aber lässt das abgründige Potenzialgefälle zwischen Rotstift und digitaler Welt hervortreten. Das Staatsversagen liegt also nicht in der Machtlosigkeit, sondern einem ausgeprägten Literalitätsdefizit, mehr noch:

einem Mangel an politischer Geistesgegenwart. Folglich steht zu befürchten, dass, selbst wenn das bestallte Personal auf wundersame Weise von Grün- und Rotstift auf eine »elektronisch gestützte Vorgangsbearbeitung« übergehen sollte, das politische Bewusstsein der alten Welt verhaftet bleibt. Anekdote: Bei einer Podiumsdiskussion saß der oberste Datenschützer einer Landesregierung und bekundete, die Auslagerung der Justiz an große Internetkonzerne sei doch geradezu zwangsläufig, denn Facebook habe hoheitliche Aufgaben übernommen. Facebook? Hoheitliche Aufgaben? Und sein verständnisloser Blick, als man einwandte, dass genau in einer solchen Aussage doch das eigentliche Problem läge.

Politik der Simulation

Die Krisenbewältigungsschlagwörter, mit denen sich die Bevölkerung in den unzähligen Pressekonferenzen konfrontiert sieht (Inzidenz, Replikationszahl, Verdopplungszeit, Empfänglichkeit etc.), stellen eine nicht enden wollende Nachhilfestunde in Denkfiguren dar, die seit den 50er Jahren die Köpfe beschäftigen. 1958 stellte der Computerpionier Jay Forrester die *System Dynamics* vor.[22] Dahinter verbarg sich eine Software zur Erstellung von Computersimulationen, die Forrester dazu nutzte, um Voraussagen über den Fluss von Warenströmen, das Equilibrium von Angebot und Nachfrage und die Gesetze der Lagerhaltung zu treffen. Später wurde die Software in der Stadtplanung genutzt, dann zur Berechnung des globalen Rohstoffverbrauchs. Diese Berechnungen wiederum legten den Grundstein für *Die Grenzen des Wachstums*, auf deren Basis der Club of Rome die Diskussion um einen sparsamen Energieverbrauch und eine nachhaltigere Wirtschaftsweise anstieß. Nun belegt diese Genealogie nicht bloß, dass unsere Gedankenfiguren weniger der Natur, als vielmehr der *mechane* entlehnt sind, sie verweist darüber hinaus auf ein sehr viel allgemeineres Denken, das in der Epidemiologie lediglich eine Ausprägung findet: die Computersimulation als Gesellschafts-, wenn nicht als Weltmodell. Ein Punkt, der Forrester bei der Erarbeitung seiner Simulationen beschäftigte, war, dass die Ergebnisse seiner Berechnungen häufig im diametralen Widerspruch zum Urteil der Experten standen, ja, dass selbige sich schon bei wenigen Parametern als unfähig erwiesen, das Zusammenspiel der selbstgewählten Gesetze vorauszusagen. Was als Planung etikettiert wurde, entpuppte sich als Extrapolation unreflektierter, in ihren Konsequenzen nicht sorgsam ausgearbeiteter Vorannahmen – ganz im Sinn des schönen Aperçus, wonach der Weg in die Hölle mit guten Vorsätzen gepflastert ist. Von seinen

Simulationen gespeist, gelangte Forrester zu der Schlussfolgerung, dass die Trabantensiedlungen, die die Stadtplaner am Rande der Städte zu errichten suchten, um sozial schwächeren Familien günstigen Wohnraum zu ermöglichen, Arbeitslosigkeit und soziale Benachteiligung keineswegs abmilderten, sondern durch einen Prozess der Ghettobildung noch weiter vertiefen würden – eine These, die einen Kollegen so sehr erboste, dass er in sein Büro hineinstürmte und bellte, es sei ihm schnurzpiepegal, ob er recht habe oder nicht – seine Resultate seien jedenfalls inakzeptabel. Dass ein Verfahren, welches der wissenschaftlichen Methode verpflichtet ist, solch starke Reaktionen hervorruft, weist auf eine Idiosynkrasie hin, die, ähnlich wie das Tabu des Privatbesitzes, in ein Register des Unbewussten vorstößt. Denn wenn das Scheitern daran, die möglichen Konsequenzen des selbst gewählten Parameterraums zu antizipieren, eine Zwangsläufigkeit ist, stößt die Simulation jede Planungshoheit vom Sockel. Damit wiederholt sich die Kränkung, welche die Entdeckung des Unbewussten auslöste, nun auch im Felde der Wissenschaft. Nun scheitert der Wissenschaftler nicht bloß daran, dass er sich im Labyrinth seiner eigenen Parameter verirrt, er scheitert vor allem an jener intrinsischen Logik, die ihn zu einem Herrscher ohne Reich macht: »An expert is one who knows more and more about less and less, until he knows everything about nothing«.²³ Während die Fachidiotie nur in den Nihilismus münden kann, gehen die *System Dynamics* über die Fachgrenzen hinaus. Mehr noch: Als Technik der Modellbildung zwingt die Simulation der Wissenschaft einen Weltbegriff auf, der mit der wissenschaftlichen Arbeitsteilung nicht zusammengeht. Hier liegt, wenn man so will, die wissenschaftliche Botschaft der Netzwerkgesellschaft: dass alles mit allem zusammenhängt – und dass folglich die Interaktion der Experten eine Notwendigkeit darstellt. Nicht zufällig lässt sich die Ausdehnung der *System Dynamics* – von der Logistik zur Urbanistik bis hin zum Weltmodell – als Erkundung ihres Geltungsbereichs auffassen; und letztlich ist man mit der Idee einer weltumspannenden, universalen Maschine konfrontiert. Die Konsequenzen, die sich daraus ergeben, sind gravierend: Zum einen wird das Zusammenspiel verschiedener Wissensbereiche zum Desiderat, zum anderen deutet sich eine Form des iterativen Designs an, bei dem man in einen beständigen Dialog mit den Daten, aber auch mit den eigenen Vorannahmen gerät. Vision wird Revision wird Vision. Mag dies einigermaßen kompliziert klingen (und in großen Teilen des Wissenschaftsbetriebs noch immer eine *terra incognita* darstellen), so haben die *System Dynamics* in der Computerwelt eine höchst überraschende Metamorphose durchlebt: den Einbruch ins Kinderzimmer, in die Fantasie der Heranwachsenden. In den frühen 80er Jahren begegnete der Computerspielentwickler Will Wright Forresters Simulationsmodell – und begriff, dass ihn das Spiel mit den Parametern weit mehr faszinierte als jede klassische Spielhandlung. Auf Basis der *System Dynamics* entstand das Genre der Wirtschaftssimulationen, mit Spielen wie *SimCity*, *Age of Empires* oder *Civilization,* Versuche, die das iterative Design, oder schlagender noch: den Fortschritt des Scheiterns zum Spielprinzip machten. Um es mit den Worten Samuel Becketts zu sagen: »Try again. Fail again. Fail better.« Dieser Prozess entspricht der nietzscheanischen Einsicht, dass der Mensch gerade durch seine Irrtümer erzogen werde – mit dem Unterschied, dass hier der reflektierte Irrtum als Triebwerk der Wahrheit fungiert. Denn die Simulation, als ein Möglichkeitsraum, in den man einsteigen und dessen Veränderung man am eigenen Leib durchleben kann, erlaubt, dass man sich von falschen Vorannahmen und Verabsolutierungen löst. Man lernt, die Intention vom Ergebnis zu trennen – und wiederholt hier jene Unterscheidung, die Max Weber mit den Begriffen der *Gesinnungsethik* und der *Verantwortungsethik* ins Spiel brachte. Man könnte sagen, dass die Pandemie die Welt dazu nötigt, die gesellschaftliche Wirklichkeit als Strategiespiel zu begreifen.

Dieses Spielfeld jedoch, das alle erdenklichen Unbekannten, auch die *unbekannten* Unbekannten enthält, ist sehr viel komplexer als der überschaubare Parameterraum einer Fachdisziplin. Folglich konnte das staunende Publikum nicht nur zuschauen, wie die Virologen scheiternd zu weiteren Einsichten gelangten, es konnte, über den Stupor der Politiker, auch einen tieferen Einblick in das politische Vakuum nehmen. Dieses schließt nicht nur die politisch Handelnden ein, sondern auch ihre Kritiker, welche die pandemische Herausforderung nur mit der Beschwörung der Vergangenheit zu beantworten wussten. Man könnte sagen: In der Politik der Simulation wird mit der absoluten Gewissheit auch das Realitätsprinzip dispensiert. Genauer: Die Realität kehrt als große Unbekannte zurück – ganz im Sinne Philipp K. Dicks, wonach die Realität dasjenige ist, was nicht verschwinden will, auch wenn man aufgehört hat, daran zu glauben. Demgemäß erweist sich auch die Postmoderne als eine Form der Verblendung, zeigt sich doch, dass der Rest – das, was bleibt – sich nicht durch Diskursanalysen in Wohlgefallen auflösen lässt. Ob eine Maßnahme zum Erfolg führt oder nicht, hängt wesentlich davon ab, ob man bereit ist, den eigenen Annahmen, ja, sich selbst gegenüber ein gesundes Misstrauens zu entwickeln. Der Zweifel ist tatsächlich ein dreifacher: Zum einen ist man genötigt, das eigene Denken als bloßes Denkmodell zu begreifen, zum Zweiten gilt es, das Denkmal des großen Einzelnen (das auch im postmodernen Antihelden fortwaltet) durch die Idee der Netzwerkgesellschaft zu ersetzen (die Gruppe), zu guter Letzt schließlich bleibt auch das Forscherkollektiv, wie großartig es auch sein mag, auf eine Denkprothese angewiesen (den Computer). Damit tritt eine Konfliktlinie zutage, die bislang im Dunkeln blieb: der Bruch zwischen zwei Formen der Weltaneignung, der Repräsentation und der Simulation. Die Welt der Repräsentation geht zurück auf die zentralperspektivische Ordnung. Hier entsteht ein Weltbild dadurch, dass man sich dem Objekt des Begehrens gegenüber in Stellung bringt, den Rahmen und den Fluchtpunkt definiert – und auf diese Weise die Welt dekonstruiert. War die Repräsentation im 15. Jahrhundert vor allem eine Maltechnik, der sich das Porträt und die Entdeckung des Tiefenraums verdankt (wie Jacob Burckhardt gesagt hat: *die Entdeckung der Welt und des Menschen*), dehnte sich diese Praxis in der Folge auch auf die sozialen Landschaften aus. Unser gesamtes politisches Vokabular jedenfalls verdankt sich diesem Bezug. Folglich setzt man *Rahmenbedingungen*, entwirft *Perspektiven,* erklärt, dass dieser oder jener Gegenstand *Objekt* der Betrachtung sei – und begreift Subjektbildung als das Vermögen, auf diese Weise zu einem gesicherten Weltbild zu gelangen.[24] Dieses Denken, das einem philosophisch längst untergegangenen Kontinent angehört, wird mit dem Einbruch der Simulation obsolet. Denn setzt man sich diesem Paradigma aus, gilt es zuvörderst, das überkommene Weltbild abzustreifen – und sich auf das Wagnis eines Experiments einzulassen, bei dem man sich nur Schritt für Schritt, Fehltritt für Fehltritt, dem Ziel nähern kann: die Logik des iterativen Designs. Im Grunde ist die Frage ganz einfach: Welches Modell führt dazu, dass sich in der Pandemie so wenige Menschen wie möglich infizieren? Und weil es keine befriedigende Antwort darauf geben kann: »Try again. Fail again. Fail better.«

Die App

Ihr Mienenspiel verrät Amüsement, als die Internistin, die in einem Testzentrum arbeitet, erzählt, dass ihr Smartphone sie noch kein einziges Mal vor einer Ansteckung gewarnt habe, und das, obwohl sie mit einem wachsenden Strom von Infizierten zu tun hat. Der Leiter des Gesundheitsamtes wiederum, der sich mit Papier, Bleistift, Telefon und Faxgerät der Kontaktverfolgung widmet, will sich zur App gar nicht äußern, er gibt nur unwirsch zu Protokoll, dass die App für die Arbeit seiner Behörde vollkommen wertlos sei. Trotz beträchtlicher Nutzerzahlen hat die *Corona Warn App* nicht viel mehr als ihre Datenschutz-Unbedenklichkeit demonstriert. Folglich stellt sich die Frage: Was ist der Grund für dieses Fiasko? Es mag verführerisch sein, Programmierungsmängel dafür verantwortlich zu machen, dennoch griffe eine solche Erklärung zu kurz. Denn der Fehler ist philosophischer Natur – und hat damit zu tun, dass der gesellschaftliche Mehrwert auf dem Altar des Datenschutzes, genauer: eines für sakrosankt erklärten Individuums geopfert wurde. Vordergründig ging es um die Streitfrage, ob es verantwortbar sei, die anfallenden Datenmengen zentral zu speichern – oder ob eine dezentrale Speicherung vorzuziehen sei. Mag dem technisch weniger versierten Zeitgenossen das Konfliktpotenzial dieser Frage so rätselhaft erscheinen wie ein scholastischer Disput zum Geschlecht der Engel, so trägt sie doch einen politischen Sprengsatz in sich. Denn im Hintergrund erhebt das Schreckbild des Überwachungsstaates sein Haupt, der große Bruder, der trotz der vollzogenen Anonymisierung der Daten die zentrale Speicherung nutzen könnte, um die Identität des Trägers zu de-depersonalisieren, oder um die doppelte Negation lesbar zu machen: die betreffende Person dingfest zu machen. Deswegen also das Plädoyer für die dezentrale Speicherung, bei der allein das Smartphone des Nutzers abgleicht, ob die sozialen Kontakte die ID eines Infizierten enthalten – und bei der allein der Nutzer darüber entscheidet, ob er im Falle einer Infektion die Gemeinschaft darüber unterrichtet oder nicht. De facto verhindert die dezentrale Speicherung, dass ein auch nur rudimentäres Lagebild des Seuchengeschehens entsteht. Dabei wäre letzteres überaus hilfreich. Denn mit den Sozialkontakten und den Bewegungsspuren ließen sich auch die Übertragungswege der Krankheit ermitteln. Dass ein solch nüchterner Blick nicht entstehen konnte, geht auf die Unterstellung zurück, dass der Staat – als Datenkrake – die Gelegenheit zur Ausspähung seiner Untertanen ausnutzen wird.[25] So konnte sich der einzelne Nutzer (ganz im Sinne der Datensouveränität) seiner geschützten Privatsphäre erfreuen, war umgekehrt der epidemiologische Standpunkt – also das gesellschaftliche Interesse an einem tieferen Verständnis des Seuchengeschehens – verlässlich ausgesperrt. Diese selbstverordnete Blindheit, ja die geradezu militante Bereitschaft zum Nichtsehen-Wollen ist im Falle der Seuche höchst erstaunlich, die doch so etwas wie eine toxische Travestie der *res publica* darstellt. Wo aber das Persönlichkeitsrecht mit dem gesellschaftlichen Interesse notwendig kollidiert, kann es letztlich nur um eine Güterabwägung gehen. Dass das gesellschaftliche Interesse beim Design der Applikation keine Rolle spielte, ja, einer postmodernen Dämonologie geopfert wurde, ist umso bemerkenswerter, als die Diskussion just zu der Zeit geführt wurde, als das Land gerade aus seinem ersten Lockdown erwachte – und jeder Einzelne die physischen Einschränkungen seiner Grundrechte lebhaft vor Augen hatte. Geradezu rätselhaft aber wird das datenschützerische *Noli me tangere* in Anbetracht der Tatsache, dass die Bevölkerung seither mit spätmittelalterlichen Seucheneinhegungstechniken traktiert wurde (Ausgehverboten, Kontakt-Tagebüchern, handgeschriebenen Vermerken beim Friseur, telefonischen Kontaktverfolgungen etc.), allesamt Maßnahmen, die eine Einschränkung der Bewegungsfreiheit bedeuten. Dabei liegt die Insuffizienz dieser Maßnahmen auf der Hand, in einer Netzwerkgesellschaft zumal, bei der das Virus mit den Menschen und Gütern über den Globus reist. Strukturell betrachtet hätte die App die Entsprechung zum Gensequenzierer sein können, mit dem die Virologen dem Virus auf den Leib gerückt sind. Der Unterschied: Im Fall der Tracing-App geht man nicht auf die blinde Natur los, sondern auf die Netzwerk-Gesellschaft. Setzen wir – anders als die Hermeneutiker des Verdachts – voraus, dass das Triebwerk dieser Apparatur nicht einem Überwachungsbegehren folgt, sondern dem Schutz des Einzelnen dient, lassen sich die Vorzüge, aber auch die Eigenheiten einer solchen Applikation leicht erkennen. Zunächst einmal stellt der Datenschutz kein Problem dar, denn die Daten des Nutzers lassen sich depersonalisieren. Der Nutzer ist kein erkennbares Individuum mehr, sondern ein Netzknoten, der sich durch den Raum bewegt. Begegnen sich zwei Netzknoten, sendet das Gerät über die Bluetooth-Technologie ein Signal aus, das vom anderen Smartphone erkannt wird. Insofern reagiert das Programm nicht auf das persönliche Gegenüber, sondern auf die symbolische Existenz seines Trägers, den digitalen Schatten einer Person. Wird bei einem solchen Zusammentreffen für eine gewisse Dauer ein Mindestabstand unterschritten, wird dieser Umstand festgehalten. Damit wirkt die Applikation wie ein intimes Journal, das alle tatsächlichen, zufälligen, beiläufigen Kontakte festhält – ein *aide mémoire*, das über jede menschliche Gedächtnisleistung hinausgeht. Erfährt nun ein Mensch, dass er infiziert worden ist, gibt die App dem System diesen Umstand bekannt, ebenso wie sämtliche gefährdeten Kontaktpersonen darüber in Kenntnis gesetzt werden. Auf diese Weise würde die Arbeit der Gesundheitsbehörden von der Maschine übernommen – ein Mechanismus, der gerade seines Maschinencharakters wegen die Gefühle von

Schuld und Scham auflösen kann. Hat Walter Benjamin in Hinsicht auf die Fotografie von einem »optisch Unbewussten« gesprochen, könnte man von einem *sozialen Unbewussten* sprechen. Setzen wir in einem Gedankenexperiment voraus, dass die auf diese Weise ermittelten Informationen zusammengeführt werden (was auch die GPS-Daten und Begegnungs-Zeitpunkte beinhalten würde), wäre ein Blick auf das pandemische Geschehen möglich, der bislang gänzlich undenkbar war. Denn nun könnte man über die erhobenen Daten Rückschlüsse auf soziale Gefahrenherde ableiten, darüber hinaus ließen sich soziale Praktiken und Örtlichkeiten ausmachen, welche die Übertragung begünstigen. Streiten sich die Experten auf der Basis von zweifelhaften (weil mit allzu geringer Probandenschar durchgeführten) Studien darüber, ob bestimmte Orte (Schulhöfe, Restaurants etc.) Ansteckungsherde sind, könnten große Datenvolumina valide Erkenntnisse liefern. Kurz: Der von der Applikation übermittelte Datenkorpus könnte einen präzisen Spiegel des Infektionsgeschehens abgeben. In diesem Spiegelungsprozess würde die Realität selbst zu einem Laboratorium, ja zu einem neuartigen Freilandversuch. Ein solches Lagebild wäre zweifellos eine Zäsur. Kein Mensch, kein noch so rücksichtslos agierender Geheimdienst wäre, unbewehrt, in der Lage, eine solche Fülle von Informationen zu sammeln. Von daher ist der dämonologische Reflex der Kritiker durchaus verständlich. Auf den Alltag der Menschen ausgedehnt und in den Händen einer illegitimen Gewalt, stellte eine solche Applikation nichts Geringeres als die Matrix eines perfekten Überwachungsstaates dar. Dabei bedarf dieser große Bruder nicht einmal eines besonders hervorgehobenen Wachpostens, sondern kann laut- und geräuschlos im Hintergrund operieren. Andererseits – und spätestens hier wird die Hermeneutik des Verdachts schwach – hat man den Leviathan schon seit seinem Erwachen im 17. Jahrhundert mit einem Gewaltmonopol ausgestattet. Hier steht der Bürger einer Übermacht, einem »sterblichen Gott« gegenüber. Noch Rousseaus *Höchstes Wesen* besitzt einige Verwandtschaft mit unserem technischen Dämon: ein höherer Geist, der alle Leidenschaften des Menschen überschaut, aber keine derselben empfindet.[26] Interessanterweise verweist die Rousseau'sche Beschreibung nicht nur auf das staatliche Gewaltmonopol, sondern auch auf die Krankheit: *Jede Gewalt kommt von Gott, gut; aber jede Krankheit auch.* So besehen könnte man dem staatlichen Gewaltmonopol ein Seuchenmonopol zur Seite stellen – geht es in beiden Fällen darum, den Menschen vor dem Menschen zu schützen.

Mag das Schutzbedürfnis der Bürger sich mit der Polizei, der Steuer, aber auch dem allgemeinen Katastrophenschutz gegenüber angefreundet haben, setzt es im Falle des Datenschutzes aus. Die Stimme des Anrufers, der beim *Presseclub* anruft, jedenfalls zittert, als er kundtut: Er ist über sechzig, herzkrank, hat Diabetes, gehört folglich einer Risikogruppe an. Seine Daten jedoch, seine Freiheit, die will er nicht hergeben. *Lieber wäre er tot!* Dass die konkret avisierte Applikation, die auf eine strikte Depersonalisierung der Daten insistiert, nichts mit einem solchen Überstaat, so wenig wie mit den Monstern des 20. Jahrhunderts zu tun hat, ficht ihn nicht an, so wenig wie es die Kritiker des Staates in ihren Ressentiments beirrt. Mögen sich in der Dämonisierung des Digitalen die verblassenden Erinnerungen an die Totalitarismen des 20. Jahrhunderts niederschlagen – so passt diese Erklärung nicht zu der unendlichen Freigiebigkeit, mit der die Zeitgenossen ihren Social-Media-Kanälen alle erdenklichen Intimitäten anvertrauen. Wann, wenn nicht jetzt, unter den Bedingungen der Pandemie, wäre Gelegenheit, die segensreichen Aspekte der neuen Schrift zu nutzen? Wieso sollte man ein händisches Kontakttagebuch führen, wenn dies ein Smartphone zu leisten vermag? Wieso streitet man darüber, ob die Schule ein Infektionsort ist, wenn sich die Frage durch die Analyse des Daten-Corpus verlässlich beantworten ließe? Wie kann man beim Infektionsschutzgesetz das ganze Verfahren auf einer einzigen Kennziffer, nämlich der Inzidenz, aufbauen – mit der Folge, dass im Zeitalter der Lichtgeschwindigkeit die menschliche Trägheit zum Maßstab gemacht wird? Wie kann man Restaurants, Hotels oder Fitnessstudios schließen, wenn man zugleich auf all die Einsichten verzichtet, die sich aus einer gründlichen Analyse der Datenspuren ergäben? Die mit Verve verfolgte Entschiedenheit zum Nichtwissen ist das eigentliche Rätsel, das sich hinter der App auftut – ein Gesellschaftsversagen, bei dem ein dunkles Ressentiment schwerer wiegt als jede rationale Güterabwägung. Wenn das Seuchenschutzgesetz feststellt, dass die »Information und Aufklärung der Allgemeinheit über die Gefahren übertragbarer Krankheiten und die Möglichkeiten zu deren Verhütung […] eine öffentliche Aufgabe« sind, stellt sich die Frage, warum der Gesetzgeber dieser Aufgabe nicht auf zeitgemäße Weise nachkommt – warum er stattdessen auf mittelalterliche Verbote setzt. Hier drängt sich ein Verdacht auf, der vielleicht noch finsterer ist als die dämonologische Unterstellung des systemischen Missbrauchs. Es ist die Annahme, dass der sorgsam gepflegte Datenschutz nichts anderes ist als Unvermögen – ein digitaler Analphabetismus, der so ausgeprägt ist, dass nicht einmal die segensreichen Wirkungen einer *Tracing App* in den Gedankenhorizont der Beteiligten vordringen können. Haben bereits die Schulen vorgeführt, wie tief man noch in der Kreidezeit feststeckt, zollen die praktizierten Seucheneinhegungsmaßnahmen noch immer dem Mittelalter Tribut – und lassen vergessen, dass die Entzifferung des Virus nur über die maschinelle Intelligenz von Gensequenzierern, das heißt: über eine digitale Entzifferungstechnik möglich war. Wenn Souveränität darin besteht, auf den Ausnahmezustand (die höhere Gewalt) entsprechend zu reagieren, so setzt dies digitale Literalität voraus. Nur so wird der Staat imstande sein, die Menschen voreinander zu schützen. Was wir *Datenschutz* nennen und höchst einseitig als Schutz vor einem übergriffigen Souverän ausbuchstabieren, muss in der Pandemie (für ihre Dauer zumindest) eine 180°-Wende erleben. Denn hier geht es um den *Schutz durch Daten*, um eine Sicherheitsarchitektur, welche den Einzelnen vor der höheren Gewalt einer Ansteckung schützt.

Geistesbeben

In der Pandemie wird die Welt mit den Zumutungen der Netzwerkgesellschaft konfrontiert, und zwar nicht bloß in Form eines begrüßenswerten, aber doch überflüssigen Addendums, sondern im Sinne eines Überlebenssystems. Diese Einsicht geht mit der schockhaften Erfahrung einher, dass das Geistesfundament – der Boden der Tatsachen – sich unter den Füßen auftut und in ein abgründiges Nichts hinein verliert. Man könnte von einem Verlust, genauer: von einer Metempsychose des Realitätsprinzips sprechen. Wenn *Präsenz* zu einer Option wird, auf die man der gegenseitigen Sicherheit halber verzichtet, wird sichtbar, dass das soziale Netz nicht am Soma, der körperlichen Welt hängt, sondern am Sema: der Logik der Zeichen. Paradoxerweise skandiert das Virus selbst, obschon blinde Natur, die Grundgesetze der Digitalisierung: *Anything, Anytime, Anywhere.* In eine historische Perspektive gestellt, ließe sich die Pandemie als Memento auffassen, welches die begriffsstutzigen Zeitgenossen daran erinnert, dass sie sich schon vor langer Zeit auf ein neues Betriebssystem eingelassen haben.

Demgemäß wäre die Pandemie nichts weiter als ein Symptom des Netzwerkeffekts. Ob Soma oder Sema, die Botschaft ist unmissverständlich. Denn ob man dieser oder jener Regierungsform, Ideologie oder Religion anhängt, ist dem Virus egal. Ebenso wenig entscheiden die Kategorien von *race*, *class* und *gender* darüber, ob man sich infiziert oder nicht. Und weil auch die postmodernen Dekonstruktionsexerzitien nicht greifen, steht man hier (wie beim Rousseau'schen Dämon) einem Fremdkörper gegenüber, der um die Leidenschaften der Menschen weiß, ihnen aber selbst nicht unterliegt. So besehen wird der Viralität, welche den Siegeszug der Computerwelt von Anbeginn begleitet hat, mit Corona die Krone aufgesetzt. Dass sich die ganze Welt diesem Dämon unterworfen und den Ausnahmezustand erklärt hat, ist Beleg dafür, dass man außerstande ist, den ausgetretenen Geist in die Flasche zurückzubekommen. Nun überrascht es nicht, dass man in der Stunde der Not die alten Mächte um Hilfe anfleht. Dieser Hilferuf mag den einen oder anderen Zeitgenossen davon überzeugen, dass der Nationalstaat zu alter Stärke zurückfinden wird, *à la longue* jedoch wird man begreifen, dass die Gedankenfiguren der Vergangenheit so willkürlich sind wie die Federstriche von Sykes und Picot. Dabei verdeckt der Name, mit dem wir das Neue belegt, genauer: mit dem wir seine Fremdheit gebannt haben (Digitalisierung), dass ihre Gesetze eine Geistesfremdheit darstellen, die sich nicht anders deuten lässt denn als Aufbruch in eine neue Welt. Dass das Vertraute unheimlich wird, während demgegenüber das Undenkbare zur Denkmöglichkeit wird, ist keine Überspanntheit, die nur dem Ausnahmezustand geschuldet ist. Steigen wir in die Philosophiegeschichte zurück, sehen wir, dass wir mit nichts Geringerem als einer Neuausrichtung unseres Gedankenfeldes konfrontiert werden: einer tiefgreifenden Umcodierung von Raum, Zeit und der Erscheinung der Welt.

Anything

Jedes Ding, das digitalisiert wird, verliert seine Gegenständlichkeit, es wird in die Welt der Zeichen überführt. Die digitalen Zeichen aber sind strukturell weltlos – sie koppeln das Denken vom Wissen über diese oder jene Materialität ab. Haben sich die Philosophen ihren Kopf über das Ding an sich zermartert, stellt das digitale Objekt keinen Stein des Anstoßes, keine Realie mehr dar. Man kann es nach Belieben vervielfältigen, skalieren oder in eine andere Form überführen. Paradox formuliert: Im Computer ist nichts, was es ist. Ein Textverarbeitungsprogramm ist die Beschreibung einer Schreibmaschine, während sich eine Fotografie in ein Pixelaggregat, eine Menge von Bildpunkten aufgelöst hat. Weil man es nicht mehr mit den Dingen selbst, sondern mit ihrem Schatten zu tun hat, verlangt die Ratio, dass man genau diesen Blickwinkel einnimmt. In diesem Schattenreich, welches die Dinge gebiert, wird die *creatio ex nihilo* sozusagen Programm. Wenn man die binären, weltlosen Zeichenketten invertiert, transponiert, skaliert, synästhesiert oder in etwas anderes morpht, so wird die materielle Welt annihiliert. Da ist kein Ding mehr, sondern nur dieses *Anything*, das wie ein Virus zu proliferieren vermag: $x = x^n$. Mag uns das Virus im Wortsinn *wildfremd* erscheinen, so die Programmiersprache als weltfremd. Sie mutet ihren Adepten zu, alle Gewissheiten über Bord zu werfen. Wenn eine Zeile wie $x = !x$ (oder in die Alltagssprache übersetzt: x ist nicht gleich x) eine höchst sinnvolle Notation darstellt,[27] muss die Idee einer Naturgegebenheit, ja überhaupt jede naiv vorgebrachte Identitätsvorstellung daran zerschellen. Sich der Weltlosigkeit des *Anything* auszusetzen heißt, sich der Zumutung einer neuen Welt zu stellen. Dabei ist das Erlernen der neuen Gesetzmäßigkeiten gar nicht die größte Herausforderung. Schmerzhafter noch ist der Verlust des Vertrauten, das Fahrenlassen der überkommenen Ordnung.[28] Wie Jesus mit seinem »Moses hat gesagt / Ich aber sage Euch« eine Zäsur im Denken predigt, macht sich die Digitalisierung als Antithese zu allem Bestehenden bemerkbar – mit einer Gewalt, welche die Zeitgenossen massiv überrascht. Denn erst im Ausnahmezustand entdeckt man, dass die für unverbrüchlich gehaltenen Gesellschaftsfundamente an der unerträglichen Leichtigkeit alles Seins kranken.

Weil die Entdeckung des *Anything* eine radikale Weltfremdheit einfordert, ja geradezu zwingt, das *alte Normal* zu vergessen, ist es hilfreich, sich die Urszene der Netzwerkgesellschaft ins Gedächtnis zu rufen: den magischen Kreis der verkabelten Mönche, die mit der Berührung einer Antenne in konvulsivische Zuckungen geraten. Begreifen wir die Elektrizität als eine Art Schrift, ist evident, dass sich alles Elektrifizierbare tendenziell zu einem Schriftkörper wandeln kann. Mit der Entdeckung der elektromagnetischen Schrift[29] wird das Primat der alphabetischen Literalität hinfällig – und damit: jenes philosophische Triebwerk, das unserem Gesellschaftsprogramm zugrunde liegt. Die Konsequenz ist, dass all die Institutionen und Gedankengebilde, die der alten Welt verhaftet sind, überholt werden und dem *Code civil* der neuen Welt weichen müssen (die nicht zufällig die Form einer telematischen Massengesellschaft annimmt). Nicht bloß, dass die elektromagnetische Schrift die wirkliche Welt zu reproduzieren vermag, darüber hinaus bringt sie Dinge in die Welt, die dort kein Vorbild hatten. Dass sich der Klang einer Stimme visualisieren lässt, die Positionsdaten eines Wals sich in eine Linie verwandeln oder der genetische Code einer Corona-Klade zu einer Zeichenkette wird – all dies war in der vordigitalen Welt undenkbar, so undenkbar wie Fraktale oder Blob-Architekturen. Im *Anything* katapultiert sich der Geist aus der Welt, ja aus allem Naturgegebenen heraus und begibt sich – wohin? In die Umlaufbahn der Zeichen und Codes. Dies aber läuft auf die Erkenntnis hinaus, dass die Moderne in ihren Anfängen schon postmodern war – auf der Suche nach jenem Denken, das eine neue Welt gebiert.

Anytime

Jede menschliche Arbeit geht, erfolgreich digitalisiert, in den Arbeitsspeicher ein – und von dort ins Museum der Arbeit. Zum Programm verwandelt, lässt sich die Geste des Arbeiters jederzeit erneut abrufen. Dies ist nichts Geringeres als ein Privationsakt. Das »bedürftige, lebendige Kapital«, wie Marx den Arbeiter nennt, wird seines einzigen Kapitals beraubt: seiner Arbeitskraft. Mag der Arbeitsspeicher der Ort sein, aus dem sich jedermann bedient, so sperrt er umgekehrt den Arbeiter aus. So besehen ist die Rede vom Museum der Arbeit geradezu euphemistisch, könnte man ebenso gut von einem *Arbeitsgrab* sprechen. Tatsächlich ist der tödliche Bezug der

Sprache selbst eingeschrieben: Geht der Speicher auf die lateinische Ähre, *spica,* zurück, ließe sich der Speicher als Form des aufgesparten, toten Lebens auffassen.[30] Schwenken wir zu einer zeitgemäßen Betrachtungsweise hinüber, könnten wir sagen, dass das Programm (als tote Arbeit) das tote Kapital abgelöst hat.[31] Gewiss, dies mag eine schematische Betrachtungsweise sein, die Folgen dieses Paradigmenwechsels sind jedoch unabsehbar. Versetzen wir uns in die Rolle eines Klinikchefs, der zur Säuberung seines Gebäudes bislang auf ein Subunternehmen und auf menschliche Arbeitskraft gesetzt hat: Weil in der Krise jeder menschliche Faktor ein Gefahrenherd ist, der im Zweifelsfall das Gesamtunternehmen lahmlegen kann, wird die Leitung des Krankenhauses bestrebt sein, diese Arbeit durch einen Roboter erledigen zu lassen. Nun betrifft das Einsparungspotenzial nicht nur körperliche Arbeiten, sondern dehnt sich auf alle Tätigkeiten auf, die man als regelhaft und repetitiv bezeichnen kann. Dies umfasst Verwaltungs- und Sortierarbeiten, aber auch höchst anspruchsvolle Tätigkeiten wie die Analyse von Röntgenbildern oder Computertomografien (die von einem *Machine-learning-*Algorithmus besorgt werden können). Was hier zu Grabe getragen wird, ist nichts anderes als die menschliche Arbeit selbst, dort jedenfalls, wo sie die Komplexität der digitalen Ordnung nicht zu übersteigen und transzendieren vermag. Indes ist dieses Grab keineswegs als Ort der letzten Ruhe zu verstehen, ganz im Gegenteil: Wie die Unruhe der mechanischen Uhr, welche die Zukunft, als gespannte Feder, gleichsam vorwegzunehmen scheint, trägt das Programm das Versprechen in sich, jederzeit tätig zu werden. Damit aber führt uns das *Anytime* in eine zeitlose Zone hinein, in der Vergangenheit, Gegenwart und Zukunft zu einem randlosen Jetzt verschmelzen.

Anywhere

Die dritte große Demütigung, die mit der Digitalisierung einhergeht, geht auf die Überwindung des Raumes zurück. Dass man die Entfernung der Welt überwinden und durch ein informatisches *Anywhere* ersetzen kann, ist dem Umstand geschuldet, dass die Elektrizität mit Lichtgeschwindigkeit reist. Bedeutet dies einerseits, dass die Welt zum Dorf wird, tut sich hier andererseits ein strukturell weltloser, abstrakter Raum auf, der nicht mehr an bestimmte Lokalitäten gebunden ist. Folglich beruhigten die im World Trade Center ansässigen Großunternehmen nach dem Anschlag von 9/11 ihre Kunden damit, dass die Server nicht im Gebäude, sondern anderswo untergebracht seien. Diese virtuelle Atopie ist nur möglich, weil man aus der Welt der Objekte (dem Plusultra) ins

Plusintra der Nanophysik vorgestoßen ist. Jede Verkleinerung bedeutet wiederum einen Zuwachs an Macht und Geschwindigkeit. Die Entfaltung des *Anywhere* beschreibt eine doppelte Abstraktionsbewegung: Zum einen werden die physischen Raumgrenzen in Lichtgeschwindigkeit transzendiert, zum anderen kommen radikal neue, bis dato undenkbare Möglichkeitsräume ins Spiel. Auf prägnante Weise ist dieser Paradigmenwechsel in Robert J. Oppenheimers Bemerkung präsent, dass man die Welt nicht mehr sehen müsse, wie sie ist, sondern wie sie sein könnte. Dieser kategorische Konjunktiv führt dazu, dass man nicht mehr von den Gegebenheiten ausgeht, sondern vom Wünschenswerten her denkt. Mit dem *Anywhere,* als Antithese zum Landgängerischen und zur Erdverbundenheit, kommt ein extraterrestrischer Blickpunkt in die Welt – als schaute man von einem Satelliten auf den Planeten hinab. In der Pandemie wird die Kluft zwischen dem weltlichen Raum und dem symbolischen *Anywhere* offenbar. Denn während der öffentliche Raum, als Hort der Menschenansammlungen, zur Gefahrenzone wird, zeigt sich das *Anywhere* davon unberührt. Weil sich die über den Menschen dahinziehende Cloud immer mehr ausdehnt und den rückständigen, trägen Raum mit Datenströmen durchzieht, verändert auch dieser, von Satelliten überwacht und ferngesteuert, seinen Charakter. Man könnte von einem Deterritorialisierungsprozess, ja geradezu von einer urbanen Versteppung sprechen. Dass Städte wie Paris oder Venedig sich in musealisierte Kulissenlandschaften verwandeln, deren einziger Daseinszweck darin besteht, einem Instagram-Account Bedeutungstiefe zu geben, illustriert ein solches Fremdwerden. Wie sich der gefräßige Kapitalismus gegen sich selbst wendet, scheint der Raum gleichsam in sich selbst zu stürzen. Das Kreuzfahrtschiff gerät zum perfekten Schauplatz dieses Verschwindens: ein Ort, der nicht mehr auf die Weltbegegnung abzielt, sondern darauf, ein Disneyworld-Bilderbuch mit Leben zu füllen. In dem Maße, in dem die Netzwerkgesellschaft sich in eine solche Vergangenheitskulisse hinein flüchtet, wird sie viral, versäumt sie anderseits die Gestaltung jener Möglichkeitsräume, die als *virtuell* mit dem Bannfluch des Pseudowirklichen belegt wurden. Darin aber besteht der Schock der Viralität: Urplötzlich nämlich erweisen sich die Fluchtpunkte des Entertainments als Todesfallen, während allein der Aufenthalt im *Anywhere* Sicherheit bietet – dort, wo der digitale Nomade über seine magischen Kanäle Kontakt mit der Außenwelt pflegt. Mag er kaum einen Schritt nach draußen wagen, hat er sich, im Kopf zumindest, in die Grenzenlosigkeit jener sozialen Plastik entlassen, die einem Swedenborg wie die Versammlung der Engel vorgekommen wäre.

Im freien Fall

Als Geistesbeben erschüttert die Dreifaltigkeit des *Anything, Anytime, Anywhere* die historisch gewachsenen Ordnungsgefüge. Jedoch ist diese Erschütterung keine plötzliche Eruption, sondern ein langsamer, fortschreitender Aushöhlungsvorgang. Im *free floating* wird das Gestein unterspült, löst sich auf und wird davongeschwemmt. Zurück bleiben Höhlen, die sich zu einem unterirdischen Labyrinth auswachsen. Wenn sich die Veränderung des Grundes an der Oberfläche als postmoderner, postdemokratischer, postfaktischer Sinnentleerungsprozess widerspiegelt, bleibt der postmoderne Katechismus merkwürdig nichtssagend, wenn es um die Benennung der Ursachen geht. Es scheint leichter, die Gespenster der Vergangenheit zu beschwören, als sich der Veränderung des Grunds auszusetzen: dem Umstand, dass sich ein neues Gesellschaftstriebwerk eingestellt hat, welches die soziale Plastik sehr viel gründlicher affiziert als jede noch so hochtrabende Lehre.[32] Genau das aber ist die Einsicht, die sich Monsieur Tout-le-Monde mit der Pandemie, in den Sekunden des Sturzes, vermittelt. Der Koloss steht auf tönernen

Füßen. Die Veränderung des Zeit- und Arbeitsbegriffs (*anytime*) läuft auf eine Erschütterung des Kapitalismus, die Veränderung des Raumkonzepts (*anywhere*) auf eine Krise des Nationalstaates, die digitale Universalschrift (*anything*) auf eine Krise des Selbstverständnisses hinaus.

Krise des Kapitalismus

Weil die Entwertung der Arbeit, die Verflüssigung der Organisationsformen und der Bedeutungsverlust des Kapitals auf eine lange Geschichte zurückblicken, macht das Virus nur die Virulenz einer sehr viel tiefer gehenden Krise deutlich. Dass der Kapitalismus, an allerlei Vorerkrankungen leidend, lebensverlängernder Interventionen bedarf, ist eine Realität, an die man sich in den letzten Jahrzehnten gewöhnt hat – und deren Absurdität nur in Wortprägungen wie der ›Abwrackprämie‹ gelegentlich aufblitzt. Schon die seit der Jahrtausendwende praktizierte Maßnahme des *quantitative easing* – also die Lockerung der Geldpolitik durch die Senkung des Leitzinses – war ein Beleg dafür, dass der Schein der Funktionstüchtigkeit nur durch stete Geldzuflüsse aufrechtzuerhalten war. Konnte man sich damit der Illusion hingeben, auch weiterhin *business as usual* zu treiben, hatte die Lockerung der Sitten ihren Preis: Sie ließ die Zinsen ins Minus hinabrutschen. Aus einer historischen Perspektive ist der Umschlag in den Negativzins ein schlagender Beweis dafür, dass die Glaubensordnung des Kapitalismus in die Ära des Business-Punk eingetreten ist: *No future!* Denn was ist der Zins anderes als dies: programmierte Zeit? Im historischen Zins pulsiert ein Zukunftsversprechen: die Aussicht, dass der Fortschritt (also der Zuwachs an Rationalisierung) notwendig in einen Mehrwert und eine Steigerung des Gemeinwohls einmünden wird. Für das Monster des Kapitalismus ist der Zins das, was das Herz für unseren Körper ist: das Zentralorgan, das den Puls des Lebens vorgibt. Dass man das Gesamtsystem nur durch Hilfsapparaturen am Leben zu halten vermag, zeigt, dass man hier in den Bereich der Notfallmedizin, ja eigentlich in die Sphäre der Untoten eintritt. Zwar konnte man sich auf diese Weise etwas Zeit erkaufen, diese wurde jedoch nicht dazu genutzt, um sich mit jener Krankheit zum Tode auseinanderzusetzen, die den Einsatz der lebensverlängernden Maßnahmen nötig gemacht hatte. Im Gegenteil: Weil der Ausnahmezustand andauerte, wurde der Negativzins (den man ein Jahrhundert zuvor noch als sozialistisches Gottseibeiuns verteufelt hatte) zur neuen Normalität: einer monetären Scheinproduktion, in der das Geldzeichen keinen Bezug mehr zum umgebenden Wirtschaftsgeschehen unterhält. Diese Form des Realitätsverlusts war zu Beginn, aber auch nach dem Ausbruch der Krise zu beobachten. Während die Seuche in Wuhan ausbrach, feierten Dow Jones, Dax und EuroStoxx Höchststände, nutzten die großen Weltunternehmen das billige Geld, um die eigenen Aktien zurückzuerwerben. Selbst nach den ersten Schocks, als alle Indikatoren auf die tiefste Wirtschaftskrise seit Beginn derartiger Erhebungen deuteten, ließ man sich nicht beirren, sondern feierte, mit Blick auf die Notfallapparaturen, Partys zur raschen Wiedergenesung, ja, lief gar zu neuen Jahreshöchstständen auf. Dass dies ein Totentanz sein könnte, schien den Akteuren nicht in den Sinn kommen zu wollen. In einer Art psychologischer Selbstumkreisung ging es den Börsen vor allem darum, die sorgsam akkumulierten Illusionen am Leben zu halten. Demgegenüber steht eine Wirtschaft, in der immer mehr Akteure wandelnden Untoten gleichen, am Leben gehalten nur durch die Infusionen, welche ihnen die Zentralbanken zuteilwerden lassen. Das Argument, das die Europäische Zentralbank für diese Geldpolitik ins Feld führte, war entlarvend genug: Ausgerechnet Europas arbeitslose Jugend musste als Feigenblatt dafür herhalten, dass man Mittel in altersschwache, sterbende Geschäftsmodelle pumpte. Eine Folge dieses ökonomischen Jungbrunnens war die Immobilienblase des letzten Jahrzehnts. Selbstverständlich bedeutete diese *Anti-Aging*-Kur keine wirkliche Verjüngung, sondern nur ein

Make-up, das erlaubte, die aufgehübschte Vergangenheit als Produktivitätsfortschritt neu zu bewerten. Kurzum: Der pandemische Schock ist keine Ursache für die Wirtschaftskrise, sondern nur ein Katalysator, der die lange unter dem Deckel gehaltenen Widersprüche des Systems hervortreten lässt. Wenn Nietzsche das Phantasma als eine Form des Selbstbetrugs auffasst, welche noch ärger als die Lüge ist (»Der Phantast verleugnet die Wahrheit vor sich, der Lügner nur vor anderen.«[33]), tritt in der Krise das kollektive Phantasma zutage. Aus dem Fantasia-Land jäh in den Ausnahmezustand gestürzt, begreift jedermann: Der Kaiser ist nackt, das kapitalistische Empire ein fadenscheiniges Glaubensgespinst. Nun führt diese Einsicht nicht zwangsläufig dazu, dass das *Ancien Régime* abtreten wird. Im Gegenteil: Fortan wird ein jeder Systemrelevanz beanspruchen. Zwar mag sich der Staat, indem er nun all seine Untertanen mit dem nötigen Kleingeld versieht, als schützende Hand gebärden – langfristig jedoch wird dies das nahende Ende des Kapitalismus nur noch mehr beschleunigen. Der Grund dafür liegt darin, dass die Fundamente des Kapitalismus – Arbeit und Kapital – der Logik des *anytime* nicht standhalten können. Konnte man früher die Glaubensformel des Kapitalismus skandieren: *Zeit ist Geld,* lässt die Rationalisierungsabgründigkeit des *anytime* die Fundamente zerbersten. Wenn Geld, Arbeit, Markt, ja, das Leistungssystem selbst sich als *erfundene Gütertafeln* erweisen, so bedeutet dies eine grundstürzende Entwertung aller bis dato geltenden Werte. In diesem Sinn ist die Krisenerfahrung der Pandemie ein Epitaph des Kapitalismus. Hat man die Seuche als eine Naturkatastrophe in Zeitlupe bezeichnet, läuft der kapitalistische Weltuntergang im Zeitraffer ab, wird jedem die Sinnentkernung, ja geradezu der Nihilismus des Wirtschaftsgeschehens vor Augen geführt.

Das kapitalistische Selbstzerstörungsprogramm ist strukturell schon in der Aufmerksamkeitsökonomie angelegt, die im Gefolge von Bretton Woods das Gold, als Metrum der Knappheit, abgelöst hat. Folgen wir ihrer Logik, ist ein Gut dann und nur dann von gesellschaftlichem Wert, wenn es die Aufmerksamkeit einer großen Konsumentenzahl findet. An diesem Glaubenssatz sticht hervor, dass jeder Verweis auf die intrinsische Güte einer Sache getilgt ist, ja, dass die Mehrwertbildung überhaupt an den Konsumenten übergegangen ist. Die Folge haben wir in den letzten Jahren beobachten können: eine Limboökonomie, welche tradierte Produktionsweisen immer billiger gemacht (»Geiz ist geil«), auf der anderen Seite zu einer immer stärkeren Betonung des Unterhaltungswerts geführt hat. Die Folge war, dass sich die Ökonomie auf die abschüssige Bahn zu den ökonomischen *Bads*, zur Scherzartikelökonomie und zur Scheinproduktion begeben hat. Strukturell wiederholt diese Abwärtsbewegung, was bereits im siebzehnten Jahrhundert von Thomas Gresham beobachtet und als *Gresham'sches Gesetz* in die Annalen eingegangen ist: die Einsicht, dass das schlechte Geld das gute verdrängt. Oder neudeutsch formuliert: Trash erzeugt noch trashigeren Trash. Haben die Skandälchen der B- und C-Prominenz in besseren Zeiten einen gewissen Unterhaltungswert besessen, erweisen sich derlei *divertimenti* in der Krise als wenig erbaulich. Im Gegenteil: Insofern die Aufmerksamkeitsökonomie wesentlich zur viralen Gesellschaft beiträgt – also zu Menschenzusammenballungen, die einem immer stromlinienförmigen Angebot folgen –, beschleunigt sie die Gefahr der Dysfunktion ganz enorm. Hinzu kommt, dass die stetig verkürzte Aufmerksamkeitsspanne zu einer Form von Komplexitätsreduktion führt, die an Indolenz grenzt. Gesamtgesellschaftlich betrachtet führt der Wegfall des Qualitätsarguments dazu, dass Fragen der Zukunftsgestaltung ein immer kleinerer Raum eingeräumt wird. Die Umsetzung des vielgerühmten *Digitalpakts* zum Beispiel, mit dem das deutsche Bildungswesen auf die Höhe der Zeit gebracht werden sollte, hätte bei dem eingeschlagenen Tempo gute dreihundert Jahre gedauert – was die Maßnahme als leere Zukunftspropaganda, ja als Werbegag decouvriert. Wo alles dem Regiment der Masse (der viralen

Gesellschaft) unterworfen wird, bleibt Klasse außen vor; vor allem verliert man aus dem Blick, dass die Erzeugung gesellschaftlichen Mehrwerts mit beträchtlichen Mühen und Anstrengungen verknüpft ist. Die Tugend des Sparens (im Sinne des *sparein* – als Verschonen und Unversehrt-Haltens für ärgere Tage) kommt aus der Mode. Die Folge: Der Kapitalismus kannibalisiert sich selbst und frisst seine Kinder – was auf merkwürdige Weise Neil Postmans dunkle Prophetie zu bestätigen scheint: »Wir amüsieren uns zu Tode«. Insofern die Aufmerksamkeitsökonomie die Mehrwertbildung an die Konsumenten delegierte, setzte sie, den Bedürfnissen der konsumistischen Internationale folgend, falsche Anreize. Damit aber verlor der Kapitalismus, was seine überwältigende Stärke war: Zukunftsgewissheit. Denn in der Aufmerksamkeitsökonomie ist die Produktion einer kurzlebigen Erregungsgröße lukrativer als die Erzeugung eines Gutes, das dem Publikum erst nach einer Eingewöhnungsphase erstrebenswert scheint. Dieser Mangel an Geistesgegenwart (der sich quer durch alle Disziplinen zieht, ja, der die Avantgarde durch eine Arrièregarde ersetzt) rächt sich nun mit aller Gewalt. Denn hätte man sich früher mit den gedanklichen Implikationen der Digitalisierung auseinandergesetzt, hätten die Frage des Zinses, der Geldemission, der Entwertung von Arbeit und Kapital in der Aufmerksamkeitsökonomie auf dem Panier stehen müssen – Probleme, welche einen neuen, veränderten Blick auf die Welt eingefordert hätten. Stattdessen aber zog man es vor, im Blindflug durchs Dunkel zu fliegen, und dies, obwohl ein Instrument nach dem anderen versagte.

Krise der Souveränität

Während der Gedanke, dass der Nationalstaat in Zeiten der Globalisierung ein Auslaufmodell darstellt, in der Vorkrisenzeit einen Gemeinplatz darstellte, schlägt in der Pandemie die Stunde des Staates. Unversehens stehen wir nicht nur einer Armada von Krisenmanagern gegenüber, sondern haben mit Kontaktverboten, Arbeitsverordnungen, Grenzschließungen, ja einer Form des Mikromanagements zu schaffen, dem auch die kleinste Untat nicht verborgen bleibt (»Polizei stoppt illegale Kellerfriseure im Landkreis Miltenberg«, wie uns der Bayerische Rundfunk versichert). Weil die höhere Gewalt der Pandemie die des Staates auf den Plan ruft, stellt sich die Erinnerung an jenen Satz ein, mit dem Carl Schmitt seine *Politische Theologie* beginnen lässt: »Souverän ist, wer über den Ausnahmezustand entscheidet«.[34] Die Rückkehr des starken Staates ist insoweit überraschend, als der Begriff der Souveränität, wenn er denn in den letzten Jahren überhaupt eine Rolle gespielt hat, vor allem als Antidot gegen vermeintlich übermächtige Gegner in Stellung gebracht wurde. So stipulierte das *digitale Manifest*, das der ehemalige deutsche Justizminister Heiko Maas im Verein mit einigen Intellektuellen verfasste: *Souverän ist, wer über seine Daten* verfügt.[35] Diese Machtverschiebung ins Reich des Individuums verrät, dass Souveränität keineswegs als Grenzfall, ja, als Eckstein einer politischen Architektur aufgefasst wird, sondern – im Sinne der Selbstbestimmung – als ein Recht für jedermann. Wenn sich Souveränität artikuliert, so *ex negativo*, als Versuch, den transnationalen Firmenagglomeraten, die das neue Alphabet beherrschen, Grenzen zu setzen. Nichts aber macht die vollständige Entleerung des Souveränitätsbegriffs deutlicher als diese seine Privation. Dem Marx'schen Diktum gemäß, dass alle großen weltgeschichtlichen Tatsachen und Personen sich sozusagen »zweimal ereignen, […] das eine Mal als Tragödie, das andere Mal als Farce«,[36] haben wir es bei der digitalen Souveränität mit einer Karikatur des Schmitt'schen Begriffsungeheuers zu tun (hinter dem sich, wie wir wissen, überlebensgroß der Führerstaat aufbaute). Nun ist dieses Selbstermächtigungsmoment keineswegs auf die digitale Sphäre beschränkt, sondern bildet die DNA aller Identitätspolitik.[37] Von daher mag man die Anziehungskraft des Schmitt'schen Dezisionismus verstehen. Denn hier ist die Welt als Wille und Vorstellung gefügig gemacht: bloßer Sprechakt, reine

Entscheidung. Der Grenzfall der Pandemie jedoch ist nicht das Produkt einer souveränen Entscheidung. Im Gegenteil: Hier erleidet der »sterbliche Gott«, wie Hobbes den Souverän nennt, einen Kontrollverlust, werden ihm die Grenzen seiner Vernunft- und Verfügungsmacht vor Augen geführt.

Weil das Virus subversiv ist, nötigt es uns, die Vorgeschichte der Souveränität in den Blick zu nehmen. Im Falle Schmitts ist der Gewährsmann der französische Jurist Jean Bodin (1529–1596), der das Konzept in seinen *Sechs Büchern über den Staat* ausgearbeitet hat. Anders jedoch als Carl Schmitt glauben machen will, ist die Geburt des neuzeitlichen Souveräns keine Kreation aus dem Geiste der Theologie, sondern die verspätete Inkarnation des mittelalterlichen Räderwerkautomaten, der die soziale Plastik der Zeit auf ähnlich grundstürzende Weise transformiert hatte, wie das digitale Betriebssystem dies schon für unsere Gegenwart besorgt. Und so wie wir uns mit dem Beharren auf Datensouveränität der zeitgemäßen Gesellschaftsmaschine verschließen, tat das ausgehende Mittelalter alles, um den *daemon absconditus* nicht zur Kenntnis nehmen zu müssen. Dass man sich dennoch dazu veranlasst sah, die Gesellschaftsmaschine nach seinem Bilde zu schaffen, hat mit den gesellschaftlichen Missständen zu tun, die in der Zeit nach der schwarzen Pest um sich griffen. Ausgangspunkt war die Erfordernis, im

Bereich des Geldes (das seit dem 14. Jahrhundert durch die systematische Devaluation der Falschmünzerkönige, seit der Entdeckung Amerikas aber auch durch den Zufluss von Edelmetallen mit Inflation geschlagen wurde) zu einer verlässlichen und stabilen Geldordnung beizutragen. Folgerichtig insistiert Bodin darauf, dass das Recht der Geldemission (welche die monetäre Anomie beenden soll) das Äquivalent der Gesetzgebung ist. In jedem Fall aber geht die Zuschreibung der absoluten Machtfülle (als einer gleichsam im Vakuum sich etablierenden Definitionsmacht) sowohl an der historischen Genese des Souveränitätsbegriffs vorbei wie an dem geistigen Umfeld, in dem er erscheint – als zentralperspektivischer Fluchtpunkt, in dem das Projekt der Neuzeit seine politische Idealfigur und Befriedungsmaßnahme findet. Man könnte von einem zentralperspektivischen Dispositiv sprechen, das sich sukzessive entwickelt und in der universalen Steuer, der Zentralbank und dem Gewaltmonopol des Staates seinen lebensweltlichen Ausdruck findet. Nur mit diesem Klebstoff konnte es gelingen, die verfeindeten, religiös zerstrittenen Parteien unter einen Hut zu bekommen – und mit dem Bürgerkrieg auch die Wolfsnatur des Menschen zu bändigen. Hier liegt die Frage, die sich mit dem pandemischen Ausnahmezustand verbindet: Ist der nationalstaatliche Souverän überhaupt in der Lage, den Menschen vor dem Menschen zu schützen? Schon die Analyse des Autoritätsbegriffs sollte deutlich gemacht haben, dass der Staat seine Legitimität daraus bezieht, dass er zur Mehrung des Gemeinwohls beiträgt. Dass man in der Bekämpfung der Pandemie unfähig ist, die verfügbaren Technologien zur Mehrung des Gemeinwohls zu nutzen (die App), ist dabei nur ein offensichtliches Beispiel eines Staatsversagens. Bedenklicher ist, dass man in der Verleugnung der Genese der neuzeitlichen Gesellschaftsmaschine den Souveränitätsbegriff vollständig ausgeleert hat, ja, dass man ihn, als *Datensouveränität* privatisiert, nur als Widerstandsgeste zu denken vermag. Das ist die Krise der Souveränität: dass die Netzwerkgesellschaft eine Leerstelle ist.

Krise der Identität

Man könnte die Postmoderne als eine Form der individuellen Entgrenzung auffassen – der Lebensstile, Freiheiten, Identitäten. Von daher ihr Motto: *Anything goes*. Dahinter steckt die Einsicht, die Nietzsche in seiner *Genealogie der Moral* enthüllt: »Nichts ist wahr, alles ist erlaubt«. Dabei erscheint dieser Gedanke in einem Kontext, der vor dem Prospekt der Regenbogengesellschaft doch überrascht. Denn dieses »Kerbholz-Wort« (wie Nietzsche dies nennt) war als *secretum* nur den obersten Graden des Assassinen-Ordens zugänglich, jener mittelalterlichen Geheimgesellschaft, die einem Ordensmeister unterstellt war und deren Mitglieder zu jeder Schandtat, zu jedem Attentat, zur Verfügung stehen mussten. Aber da schon Nietzsche diese Losung aus ihrem totalitären Kontext herauslöst, lässt sie sich als Akt der Befreiung umdeuten: als Augenblick, da das Denken aus seiner metaphysischen Zwangsjacke befreit wird. »Wohlan«, so heißt es, »das war Freiheit des Geistes, damit war der Wahrheit selbst der Glaube gekündigt.«.[38] Mit dem *Anything goes* sind die Leitmotive der Postmoderne intoniert: Libertinage, Kulturrelativismus, die Vorstellung, dass die ganze Welt eine Sprachschöpfung ist, soziales Konstrukt. Folglich gilt auch das eigene Selbst als eine Münze, die jeder, und zwar nach Belieben, zu prägen vermag.[39] Diese längst zum Mainstream gewordene Selbstgewissheit wird in Zeiten der Pandemie auf eine harte Probe gestellt. Genauer, sie erweist sich, in gleich doppeltem Realitätsschock, als Illusion. Denn in der Gestalt des Virus stößt man auf eine Natur, die sich den Gesetzen des Sprachspiels nicht fügt. Auf der anderen Seite kommt die Matrix der Netzwerkgesellschaft ins Spiel, die nicht der Freiheit des Einzelnen entspringt, sondern auf eine symbolische Ordnung zurückgeht. Diese wiederum stellt eine soziale Unverfügbarkeit dar, der sich keine Macht dieser Welt entziehen kann (oder wenn, so nur um den Preis vollständiger Marginalisierung). Damit aber fällt das absolute Freiheitsversprechen des *Anything goes* in sich zusammen, entdeckt man, dass man es mit einer Gesellschaftsmaschine zu tun hat, in der Einer-im-andern steckt.

Was aber sind die Implikationen der neuen symbolischen Ordnung? Wie konnte der alte philosophische Wahrheitskern sich zur schillernden Seifenblase verwandeln, in der die Vergangenheit einfach zerplatzt? Nein, was hier zerplatzt, ist keineswegs jenes *Anything*, das wir als Kennzeichen der digitalen Dreifaltigkeit herausgearbeitet haben, sondern lediglich die Erzählung der Postmoderne, die zwar das Ende der großen Erzählungen verkündete, aber ihrerseits zum alles beherrschenden Narrativ wurde. Wie die Genese der Netzwerkgesellschaft deutlich gemacht hat, bedeutet die Entdeckung des *Anything* keineswegs die Freisetzung der Beliebigkeit. Vielmehr spannt sich ein neuer, erweiterter Schriftbegriff auf, der unsere alte Alphabetschrift transzendiert. Die neue, elektromagnetische Schrift aber verändert unser Verhältnis zur Welt, ebenso wie sie unser Selbstverständnis affiziert. Behauptet das Alphabet mit seinem $A = A$ das Gesetz der Identität, skandiert die binäre Logik das Proliferationsversprechen der Null und der Eins: $x = x^n$. Wo ehedem Identität und unwandelbare Wahrheiten thronten, herrschen nun Alterität und die Gesetze der Metempsychose. Die Formel skandiert: Ich bin ein anderer, Einer-im-andern, eine Population. Will man sich von der Gültigkeit dieses Ich-Begriffs überzeugen, muss man sich nur die Erwägungen vor Augen halten, die man, um sich nicht mit dem Virus zu infizieren, im Kopf hat: Hat dieser oder jener diese Fläche berührt? Kann es sein, dass dieser Fahrstuhl durch Aerosole kontaminiert ist? Ist die Aussage, die der Experte X über diesen oder jenen Übertragungsweg getroffen hat, belastbar? All diese Erwägungen zeigen, dass die körperliche Integrität ganz wesentlich von äußerlichen Bedingungen und Kontakten bestimmt wird – was mit der Erkenntnis zusammengeht, dass auch unser gesunder Organismus kein geschlossenes, autarkes System ist, sondern die Heimstatt abertausender Viren. Selbstverständlich steht es mir frei, mich mit alledem nicht beschäftigen zu wollen, kann ich trotzig darauf insistieren, dass ich echt, authentisch und unverwechselbar bin. Aber stimmt das? Lässt sich in der viralen Gesellschaft, qua Willensakt, Immunität aufrechterhalten? Oder ist es nicht vielmehr so, dass sich unter den Digital Natives längst ein neuer, sozialer Comment herausgebildet hat, der sich als Introjekt in die Psyche gesetzt hat. Hat sich der Schwerpunkt unseres Selbstverständnisses nicht längst in die digitale Welt hinein transponiert? Wie im Falle der Frau, die sich, um endlich ihrem Profilbild ähnlich zu sehen, einer Schönheits-OP unterwirft …

Der Aufprall

Stellen wir uns einen Historiker vor, der mit einem zeitfernen Blick auf das Jahr 2020 zurückschaut, werden wir seine Irritation darüber nachfühlen können, wie rasant die Krise alle Maßstäbe, Diskurse und Gewissheiten durcheinandergewirbelt hat, auf eine Art und Weise, dass er geradezu verleitet sein könnte, sie als historische Zäsur aufzufassen. Ach, wie schön war die Welt, als zornige, vielleicht auch bloß gelangweilte Schüler sich allwöchentlich versammelten und der Politik die nahende Apokalypse predigten. *How dare you!?* So fern war das wirkliche Elend, dass man, in einem sonderbaren Überbietungswettbewerb, das Ende der Welt an die Wand malen konnte: Millionen Tote, Klimaflüchtlinge, verdorrte oder meerüberspülte Landstriche. Indes feierten die Theoretiker, im sündenstolzen Flagellantismus, vor allem die menschliche Vernichtungskraft: Anthropozän, Triumph des Willens! Wir, ganz allein! Dass all diese Phantastereien, einem moralischen Furor entsprungen, die Subtilität eines T-Shirt-Aufdrucks besaßen, war nicht von Nachteil, im Gegenteil! Wozu noch denken, wenn doch das Bauchgefühl so viel mehr Thrill, Aufmerksamkeit und Echo verheißt? Wozu sich abmühen, wenn doch das ganze System überwunden werden muss? Also flog man, aber inkriminierte das Fliegen, heizte, aber inkriminierte das Heizen – und während man den ökologischen Fußabdruck als kommende Weltwährung ausgab, gab man sich den schönen Dingen des Lebens hin. Wie schön es doch ist, sich im intellektuellen Sommerschlussverkauf in einen moralischen Unangreifbarkeitsfummel zu hüllen! Und während sich das Virus von Wuhan aus auf den Weg machte, feierte man Karneval und räsonierte darüber, wie die Welt nach Mutti aussehen werde. Wenn Moralität, wie Nietzsche sagt, »der Herden-Instinct im Einzelnen« ist, dann war die Zeit vor Corona von selbstzufriedenem Herdenverhalten geprägt, einem allgemeinen Voluntarismus, der eine moralische Hochstimmung aufkommen ließ, als hätte das Unbewusste, als hätte Freud nie existiert. Arbeitslose?! Nein, wir sind spitze! Bildungsversagen – aber woher? Wo wir doch in der Bildungsrepublik Deutschland leben.

Und dann? Dann war da dieses Nichts, dieser lächerlich kleine Kristall, und die Welt stand Kopf. Zunächst leerten sich die Straßen, die Stadien, die Talkshows, dann kroch mit der wachsenden Leere der *horror vacui* aus jedem Winkel hervor. Und die Intellektuellen? Begannen zerknirscht,

Bescheidenheit, Besinnung und eine neue Post-Corona-Normalität auszurufen. Wie erzählt man eine Geschichte, wenn Gut und Böse ihre Rollen vertauschen? Und was bedeutet es, wenn die Deuter ihre Deutungshoheit verlieren? Was, wenn die vertrauten Gedankenfiguren keinen Auftrieb mehr geben, wenn das Denken in die Einsamkeit zurückfällt, in jenen Schwebezustand, wo man keinen festen Boden unter den Füßen mehr hat? Was, wenn man beim Sturz in die Tiefe begreift, dass auch das eigene Bild nur eine Nichtigkeit war, die man, um sie vor sich selbst zu tarnen, moralisch verkleidet hat? Wo nichts mehr geht, verliert auch die Freiheit des *Anything goes* ihren Reiz. Jedoch reicht der Abgrund, in den uns die Lächerlichkeit dieses Kristalls hat schauen lassen, sehr viel tiefer. Auf dem Grund, der in Wahrheit eine Grundlosigkeit ist, lösen sich die kollektiven Glaubensgewissheiten auf: Nichts ist wahr! Das Geld, der Staat, die Werte. Nur dass dieser Entdeckung kein befreiendes *Alles ist erlaubt*, sondern nur ein langes, nicht enden wollendes Schweigen folgt. Woran auch immer man geglaubt hat, es ist nichts als ein kollektives Phantasma, eine gemeinschaftliche Sinnestäuschung, deren Bann sich in dem Augenblick löst, da die Stimme des Kindes erklingt. Der Kaiser ist nackt! In diesem Sinn ist die Begegnung mit dem Virus nicht bloß der Zusammenstoß mit dem, was nicht weichen will, auch wenn ich nicht daran glaube; sie ist zugleich auch die Einsicht in den allgemeinen ›Verblendungszusammenhang‹ – die tiefste Demütigung, die man sich denken kann. Denn mit dieser Erkenntnis erfährt auch die Betrachtung der Vergangenheit eine radikale Veränderung. Wie lässt sich eine Geschichte erzählen, wenn man nicht mehr der handlungsmächtige Akteur ist, sondern jemand, der orientierungslos durch ein Dunkel geirrt ist? Und was ist, wenn das geistige Orientierungssystem sich im Nachhinein als Labyrinth, ja, als eine Form der Falle herausstellen sollte? Damit tritt die Scheinhaftigkeit in die Sichtbarkeit, wird nachfühlbar, dass mit der *Moral von der Geschicht'* auch die tradierten Begriffe, Überzeugungen und Werte ihr Gewicht verloren haben. *Fair is foul and foul is fair.* Aus der Einsicht ins kollektive Phantasma ableiten zu wollen, dass die Gesellschaft überhaupt zur Truman-Welt wird, in der nur unerreichbare Wunschbilder und Sinnestäuschungen über die Bildschirme gleiten, ist jedoch nicht minder trugschlüssig. Ganz im Gegenteil. Indem der Blick vom Überflüssigen befreit wird, geraten die Strukturen, die Blackbox, das Gesellschaftstriebwerk ins Visier. Wenn die Corona-Krise den gesamten Luftverkehr hat lahmlegen können, die Kommunikation jedoch umstandslos auf Internet-Plattformen hat verlagert werden können, so ist dies eine überaus machtvolle Demonstration des systemischen Wandels. Sie besagt nichts anderes, als dass der Kapitalismus zu einem anderen Betriebssystem hinüber gewechselt ist.[40]

Inwiefern aber verändert dieses neue, digitale Betriebssystem unseren Begriff von Gesellschaft, von uns selbst, die Art und Weise, wie wir unsere Arbeit, Bildung und Zukunft gestalten? Dieser Frage geht die Einsicht voraus, dass es zu einer tektonischen Geistesverschiebung gekommen ist, bei der zwei Kontinentalplatten, die alte und die neue Welt, langsam auseinanderdriften. Wir müssen begreifen, dass wir Bewohner eines Geisteskontinents geworden sind, der zu weiten Teilen noch unerschlossen ist: *terra incognita*. Wenn ich in meinem Nachdenken über den Epochenriss an anderer Stelle das Verhalten des Konquistadors Hernán Cortés angeführt habe, der vor den Augen seiner Soldaten die eigene Flotte verbrannte,[41] so bedeutet der Ausbruch der Pandemie genau dies: die Gewissheit, dass es keinen Weg zurück geben wird. *No way back!* In diesem Sinn ist die Umwertung der Werte (das neue Normal) längst *fait accompli*. Zwar ist hier der Weg in eine offene Zukunft vorgezeichnet, jedoch bedeutet dies keineswegs, dass man nach Belieben diesen oder jenen Wert, diese oder jene Privatwährung ausgeben kann. Denn nicht wir allein befinden darüber, was auf unserem Güterkatalog steht, sondern dies muss im Einklang mit der symbolischen Ordnung, den Gesetzen des neuen Geisteskontinents geschehen. Wie das Alphabet die antike Gesellschaft formatiert und der Räderwerkautomat das Mittelalter in den Protokapitalismus entlassen hat, wird die elektromagnetische Schrift (als neue universale Maschine) zu einer Neuformierung unseres Weltbegriffs führen.[42] Während sich der Einzelne vergleichsweise schnell auf die neuen Realitäten einstellen mag, sind die trägeren, alteingesessenen Elemente unseres Gesellschaftsgefüges darauf nicht vorbereitet. Der Grund, warum die kulturelle Metempsychose so überaus schmerzhaft ist, hat damit zu tun, dass der Auszug aus einem kollektiven Verblendungszusammenhang sehr viel schmerzhafter ist als die Veränderung individueller Alltagsgewohnheiten. Wie das Mittelalter daran krankte, sich von einem alle Lebensbereiche dominierenden Christentum lösen zu müssen, haben wir mit der Zumutung zu schaffen, die *Weltreligion Kapitalismus* fahren zu lassen – und mit ihr all die Glaubenssätze, die uns als solche gar nicht bewusst sind. Kompliziert wird dieser Abschied dadurch, dass uns die Umrisse der alten Welt ähnlich fremd geworden sind, wie es die Verfassung der neuen Welt immer noch ist. Im Verdämmern verschwinden die Farben, lösen die Konturen sich auf, bleiben nichts als die Gedanken, die das entschwundene Bild am Leben erhalten. Wie der Pilot, der den Blindflug einschaltet, müssen wir uns den Instrumenten der Vergangenheit anvertrauen. Was aber gibt es Mächtigeres als eine Idee, deren Zeit abgelaufen ist? Denn diese Idee verlangt nichts mehr ab, gestattet aber den Königskindern der Moderne, ihr Selbstbild unter Einkaufspreis in ungeahnte Höhen hinaufzukatapultieren. Wie die Postmoderne ihren Blick auf die Vergangenheit richtet, skandieren wir Glaubenssätze, die ehedem Bedeutung gehabt haben, jetzt aber zur freien Verfügungsmasse geworden sind. Und weil wir nicht allein sind, sondern die Empörungsmaschinen des Internets zur Hand haben, schrillt es lauter als je zuvor: Identität! Gerechtigkeit! Scheint damit alles gesagt, kommen in der Realität allerlei zwielichtige Wesen ins Spiel, Übergangswesen, die, wie die Abwrackprämie, einen Schlag ins Schizophrene aufweisen. Oswald Spengler hat hierfür den (der Mineralogie entlehnten) Begriff der Pseudomorphose geprägt – und damit die Unfähigkeit einer Kultur beschrieben, eine überfällige Selbstverwandlung zu vollziehen. Wo neuer Wein in alten Schläuchen serviert wird, ist das Neue genötigt, sich einer vorgefundenen Formsprache zu bedienen, genauer: sich ihr zu unterwerfen. Mag dies die Illusion stützen, auch fürderhin *business as usual* treiben zu können, besteht der Preis darin, dass man sich in eine kulturelle Geisterbahn hineinzwängt. Im Zwielicht der Formen aber wird die Entzifferung der Gegenwart zur Herkulesaufgabe. Hier zu einem klaren Urteil zu gelangen, ist nur möglich dadurch, dass man sich die Genealogie der alten Welt vor Augen hält. Wenn es heißt, dass im Sterben ein ganzes Menschenleben vorüberzieht, ist man genötigt, an den Institutionen eine solche letzte Vivisektion zu vollziehen. Nehmen wir als Beispiel das Geld. Ganz offenkundig hat es in den Zeiten des *free floating* seine Bedeutung eingebüßt und ist durch Aufmerksamkeit, genauer, durch unsere Daten ersetzt worden. Eignet dieser Währung im Vergleich mit dem Gold ein Surplus an Intelligenz, deuten sich doch erste, tiefgreifende Probleme in der Aufmerksamkeitsökonomie an. Denn ganz offenkundig setzt die kürzer werdende Aufmerksamkeitsspanne der Konsumenten eine Limboökonomie in Gang, bei der das Gresham'sche Gesetz Wirkung entfaltet. Wo das schlechte Geld das gute verdrängt, erscheint die Produktion eines Skandalons profitabler als eine Maßnahme, die dem Gemeinwohl zugutekommt. Was sich hinter dieser Problematik auftürmt (die einen historischen Vorläufer in der »Kipper- und Wipperzeit« des 17. Jahrhunderts besitzt), ist die Funktion des Geldes, als gesellschaftlicher Omnibus wirksam zu werden. Ein solcher Omnibus ist, als symbolische Ordnung, zutiefst mit der Glaubwürdigkeit des Souveräns und der emittierenden Instanz verknüpft. Gehen wir also davon aus, dass das Geld in der Aufmerksamkeitsökonomie durch Daten ersetzt worden ist, lässt sich schlussfolgern, dass die Steuerpflicht des Digital Natives irgendwann in eine Datenpflicht einmünden wird – während umgekehrt das Münzprivileg des Staates sich zu einem Datenprivileg wandelt, zu der Verpflichtung, einen verlässlichen und dem Gemeinwohl verpflichteten Datenraum bereitzustellen. Ist nicht genau dies die Frage, die sich mit der Pandemie stellt? Dass sie nur lösbar sein wird, wenn man dem Datenschutz (dem Recht des Einzelnen) einen *Schutz durch Daten* (das Gemeinwohl) hinzugesellt.

Ich bin ein anderer

Wenn in der Epoche des $x = x^n$ Arbeit, Identität und Zugehörigkeit fragwürdig werden, tut sich im Innern eines jeden Einzelnen ein Vakuum auf. Dass man derlei mit Aktivismus, Selbstoptimierungsfuror und einem *salto mortale* zu längst überkommenen Tugendvorstellungen bekämpft, mag psychologisch verständlich sein; strukturell jedoch ist es Beleg einer Pseudomorphose. Man redet von Ethik, weil man keine besitzt. Dass man für die Aufrechterhaltung des Phantasmas wie für die identitätspolitische Zurüstung der sozialen Verstärker der Netzwerkgesellschaft bedarf, ist wiederum ein schlagender Beleg für die überragende Bedeutung, welche die digitale Gesellschaftsmaschine für die soziale Plastik besitzt. Demgemäß ließe sich die Frage umkehren: Was bedeutet die symbolische Ordnung für denjenigen, der sich als Dividuum, als Einer-im-andern begreift? Zweifellos lassen sich erste Keime einer digitalen Ethik ausfindig machen, etwa dort, wo die agil gewordene Netzwerkgesellschaft dem Einzelnen ein Maß an Verantwortung zurückgegeben hat, das in der verwalteten Welt – der

Organisation der Verantwortungslosigkeit – zu schwinden drohte.[43] Sind derlei Praktiken zum Paradigma erfolgreichen Arbeitens geworden, ja, geradezu zu Sinnbildern der digitalen Transformation, so hat sich dieses Denken nicht zu einer Form der Selbstreflexion aufschwingen können. Hier mag die Konfrontation mit dem Virus hilfreich sein, einfach deshalb, weil sie in äußerster Schärfe die Grenzen klarmacht, auf die eine digitale Ethik reagieren muss. Was aber genau ist unter einer Ethik zu verstehen, die sich nicht auf eine Religion oder eine Weltanschauung gründen kann? Etymologisch betrachtet verweist die Ethik auf das *Herkommen* – das heißt, sie bündelt bestimmte Kommunikationsweisen, die sich in einem sozialen Feld ausgebildet haben. Diese Usancen lassen sich keineswegs absolut setzen, sondern unterscheiden sich. Insofern ist der Kulturrelativismus der Ethik immanent, in jedem Fall aber hat man es (mit Nietzsche gesprochen) mit ›erfundenen Gütertafeln‹ zu tun. Bei genauerer Betrachtung jedoch erweist sich, dass die Struktur der Erfindung in einem innigen Zusammenhang zur vorherrschenden symbolischen Ordnung steht, jener Ordnung, die – wie das Alphabet – ihrerseits bestimmte Fantasien hervorbringt: Gleichheit, Gerechtigkeit (all die Tugenden, welche die Griechen mit dem Begriff der *isonomia* belegten). Ändert sich die Matrix, wird auch die Ethik eine andere sein. Diese Einsicht erklärt den Rückbezug zur Boole'schen Formel, die als Grundgesetz der digitalen Welt unser Herkommen prägt – und zwar stärker als dies Nationalität, Kultur oder Religion noch vermögen. Um sich von der Gültigkeit dieser Behauptung zu überzeugen, muss man nur die simple Frage stellen, ob der Nutznießer einer technologischen Wohltat, sagen wir: eines Smartphones, bereit wäre, es gegen ein *Dumbphone* einzutauschen. Wenn die Antwort darauf negativ ausfällt, so deswegen, weil das Selbstverständnis der Digital Natives mit dem Anspruch einhergeht, ein solch smartes Fenster zur Welt auch fürderhin nutzen zu können. Damit aber verbietet sich der Hinweis auf eine exklusive Identität, die den Einzelnen, als vermeintlich naturgegebene oder soziale Tatsache, über die schnöde Technik erhebt. Was mich mit meinen Mitmenschen verbindet, ist, dass wir über das Boole'sche $x = x^n$ in einem gemeinsamen Raum operieren – und dass die Praktiken, die sich hier ausbilden, sehr viel mehr Gemeinsamkeit herstellen als die kulturelle Herkunft an Trennendem supponiert. Diese Erfahrung steht im Widerspruch zum herkömmlichen Identitätsbegriff, der davon ausgeht, dass sich ein Ich allein durch ein Nicht-Ich, einen Akt willentlicher Abgrenzung artikuliert. So besehen lässt sich der Rekurs auf die symbolische Matrix geradezu als

Überwindung des klassischen Identitätsbegriffs auffassen.

Diese Überwindung wird schon daran sichtbar, dass die Gleichung auf einen inneren Widerspruch, ja geradezu auf eine Form der *Negidentität* hinausläuft. Denn beziehe ich die Formel auf mich, bin ich genötigt, mich als Dividuum aufzufassen, als ein teilbares Selbst, das sich im beständigen Austausch mit anderen erhält. Auch hier ist das Virus ein großer Lehrmeister, denn es macht klar, dass es sich weder um Ländergrenzen noch um kulturelle oder identitätspolitische Idiosynkrasien kümmert. Es reist einfach mit – und führt uns unsere sozialen Austauschprozesse vor Augen. Gewiss kann man hier auf einer religiösen oder kulturellen Überlegenheit beharren, aber derlei hat keinerlei Auswirkung auf die Frage, ob man sich ansteckt oder nicht. Was bedeutet das nun für den Fall, dass ich mir das Virus eingefangen hätte? Nichts anderes als das, was wir uns derzeit abverlangen: Wir ziehen uns zurück und versuchen, die anderen vor einer Ansteckung zu bewahren, wissend, dass wir nun selbst zu einer *losen Kanone*, einer ambulanten Todesdrohung geworden sind. Dieser Umstand könnte den zeitgenössischen Bußpredigern und Globalisierungskritikern insoweit in die Hände spielen, als sie fortan auf Abgrenzung setzen – und die Weltöffnung als Gefahr deklarieren. Zweifellos ist die Formel des

$x = x^n$ das Abbild eines psychologischen Dilemmas: Denn der Zustand der Weltöffnung geht einher mit der Gefahr, dass mir die ganze Welt ins Haus fallen kann. Damit stellt sich die Frage: Werde ich bereit sein, der Weltöffnung abzuschwören? Unzweifelhaft ist dies eine rhetorische Frage, denn selbst die weltflüchtigen Menschen, die den Zustand der Weltflucht mit Netflix-Serien kompensieren, werden sie nur mit einem entschiedenen Nein beantworten wollen.

Deshalb lässt sich die Erfahrung des Ausnahmezustands auch auf den künftigen Alltag übertragen. Wenn jedes Digitalisat (der Logik des *Anything, Anytime, Anywhere* folgend) in eine Proliferationslogik eintritt, wäre das Erfordernis, sich darum zu bemühen, dem Elend der Welt nicht noch ein weiteres Quäntchen hinzuzufügen. Im Zweifelsfall nämlich verwandelt sich der achtlos dahingeworfene Satz zu einem *Meme*, welches proliferieren und eine so nicht antizipierte Eigendynamik annehmen kann. Der ätzende Verriss, die Zurechtweisung, die Häme – all dies mag sich im Shitstorm zu einer Form des Weltgebrülls steigern, welches seinerseits Züge einer symbolischen Vernichtung annehmen kann. Gewiss, ich mag mich herausreden, dass ein solches Ergebnis nicht beabsichtigt war, dennoch steht außer Frage, dass mein Beitrag, dieser achtlos dahingeworfene Brocken, mich zum *Superspreader* gemacht hat. Der gute Wille, die Intention allein reicht also als Entschuldigung nicht aus. Hier nähern wir uns einem weiteren Paradoxon. Denn indem ich das Fenster zur Welt öffne, wird der Wunsch laut, mich mit meinesgleichen zusammenzurotten. Oder anders gesagt: In der Welt, die zum Dorf geworden ist, besteht keinerlei Notwendigkeit, an Weltläufigkeit zu gewinnen; ebenso gut kann man sich damit begnügen, das Dorf und die Begrenztheit zur Welt zu machen. Weil derlei Zusammenrottungen in den sozialen Netzwerken zu beobachten sind, sind sie dem Epitheton des *Asozialen* belegt worden – womit man jedoch das Kind mit dem Bade ausgeschüttet hat.

Dass man sich, mit einem drohenden Identitätsverlust konfrontiert, an seinesgleichen klammert, mag psychologisch verständlich sein, es ist jedoch die größte Versuchung: ein Retro-Virus, bei dem man in der Aufrechterhaltung des Identitätspostulats in eine Herdenlogik, wenn nicht gar in ein Mobverhalten zurückfällt. Diese Gefahr ist auch deshalb so groß, weil die Möglichkeit, sich an einem x-beliebigen Opfer schadlos zu halten, mit keinerlei persönlichem Risiko verbunden ist. Von einer digitalen Tarnkappe geschützt, kann man wie hinter Glas agieren – und bekommt (wie im Milgram-Experiment) vom verursachten Leid wenig mit. In diesem Sinne wäre die Schlussfolgerung, dass man die telematische Ferne als verlängerte Unmittelbarkeit begreift, oder in einen Imperativ übersetzt: dass man telematisch ebenso vorsichtig agiert, wie man dies face-to-face tun würde. Ferne ist Nähe, Nähe ist Ferne. Oder anders gesagt: Die Erregung, die das Zucken meines Fingers am anderen Ende der Welt auslöst, ist als untrennbarer Teil meiner Handlung anzusehen. Folglich muss ich zu einem erweiterten Handlungsbegriff kommen, der auch das einbezieht, was über meine körperliche Präsenz wie über meine Intentionen hinausgeht. Wenn die virale Gesellschaft unter den Bedingungen des Ausnahmezustandes genötigt ist, das, was sie gerade noch als Kult der Unmittelbarkeit (Echtheit, Authentizität) gefeiert hat, nunmehr in eine Form des Social Distancing zu überführen, so beginnt sie, jenes psychologische Orientierungsproblem zu ergründen, das aus dem *Anywhere* rührt.

Spielen wir – um diese Problematik auszuloten – den Fall durch, dass ich ein Programm geschrieben habe, das eine sicherheitskritische Frage beinhaltet: die Speicherung eines Passwortes zum Beispiel. Gewiss könnte ich mich darauf berufen, lediglich eine informatische Leistung zu vollbringen, die mit »der Speicherung, Verarbeitung und Übertragung von Informationen« zu tun hat. Aber transponieren wir die Wittgenstein'sche Erkenntnis (»Die Bedeutung eines Wortes ist sein Gebrauch«) auf diesen Vorgang, läge die Bedeutung des Programms in seiner Benutzung. Programmierung wäre mithin als Gestaltung einer sozialen Plastik zu verstehen. Wenn mein Code einen Schaden verursacht, der über alles hinausgeht, was ich mir vorstellen kann, übernehme ich, als Verfasser, die Verantwortung für eine ganze Population. Zweifelsohne ist das ein Zuviel an Verantwortung, eine Bürde, die nur dadurch erträglich wird, dass wiederum eine Population von Testnutzern alle erdenklichen Möglichkeiten und Schwachstellen in die Sichtbarkeit überführt. Schon diese Sicherheitsmaßnahme macht deutlich, dass ein Entwickler notwendigerweise mit blinden Flecken zu tun hat, dass er unfähig ist, sich die Umgangsweisen aller erdenklichen Nutzer vorzustellen. Wenn nicht die gute Absicht des Urhebers, sondern allein die faktische Benutzung über die Güte (die Sozialverträglichkeit) einer Sache entscheidet, muss der Autor die Möglichkeit des blinden Flecks einbeziehen, und zwar als kategorischen Zweifel an der eigenen Sicht. Idealiter lernt er, die eigene Arbeit mit dem Blick des Anderen, nein, ganz vieler anderer Menschen anzuschauen. Schon dieses Beispiel macht klar, dass der Begriff des Dividuums nichts mit einem Sprachspiel zu tun hat, sondern gravierende ethische Konsequenzen mit sich führt. Dies hat mit der Disproportionalität zu tun, die in den beiden Termen der Gleichung sichtbar wird. Wenn die

Handlung eines Menschen (wie ein Virus) proliferiert und eine ganze Population affiziert, muss man notwendigerweise zu einer Blickverlagerung schreiten: weg von der individuellen Absicht, hin zur Sache. Eine solche Objektorientierung jedoch erfordert einen gesellschaftlichen Blick, einen Akt der Dezentrierung, bei dem sich der Programmierer als Einer-im-andern, als Dividuum begreift. Es ist evident, dass dieser Blick in einem unauflösbaren Widerspruch zur Eigentumsordnung steht. Dabei hat das Dilemma des *proprietären Codes* weniger mit der Nennung und gesellschaftlichen Würdigung des Urhebers zu tun, als vielmehr mit der Tatsache, dass der Begriff des Eigentums die Binnenlogik des Programms verdunkelt. Denn ist mir die umfassende Gewalt über eine Sache gewährt, werde ich, um mich vor Konkurrenten zu schützen, meinen Code geheim halten. Dieses Geheimhaltungsmoment jedoch (die Subjektorientierung) führt dazu, dass sich der objektorientierte, sozialverträgliche Blick auf die Sache *nicht* etabliert. Um des Gemeinwohles willen wäre so etwas wie eine Bereitschaft zur Selbstenteignung anzusetzen: eine Maxime der Privation. Will ich der Sache (dem Gesellschaftsprogramm) dienen, muss ich bereit sein, meine Arbeit (meine Eigentümlichkeit) mit dem Blick der anderen zu betrachten. Welches Maß an Selbstdisziplinierung sich daraus ergibt, wird deutlich, wenn wir uns einem jener Grenzfälle zuwenden, bei denen die Kategorie des Eigentums aus anderen Gründen problematisch ist. Der Fall, der mir in meinem Management-Seminar berichtet wurde, behandelte eine Problematik, bei der eine junge Frau mit der Aufgabe betraut war, das elektronische Rechnungswesen eines großen Konzerns zu aktualisieren. Das Dilemma: Das Programm war in einer Sprache geschrieben, die man heute nicht mehr benutzt, undokumentiert und auf eine Weise verfasst, die in Programmiererkreisen als ›Spaghetticode‹ gilt – und zu guter Letzt war der Programmierer, auf den dieses Elend zurückging, nicht mehr auffindbar. Das Risiko war also, dass dieser Code – und mit ihm das Rechnungswesen – in dem Augenblick, da man irgendetwas daran verändern würde, zusammenbräche. Damit aber war die junge Frau genötigt, mit den Toten zu kommunizieren. Strukturell betrachtet nähern wir uns hier der Problematik der Zeitlichkeit: dem Umstand, dass der Geltungsbereich eines Programms über die Lebenszeit seines Verfassers hinausreichen kann. Nehmen wir den Betrachtungswinkel des Programmierers ein, müssen wir sagen, dass die eigene Handlung nicht nur räumlich, sondern auch in eine unabsehbare Zukunft hinein transzendiert. Mit dem *Anytime* kommt ein Zeithorizont ins Spiel, der über den Augenblick, ja selbst über die Dauer eines Lebens hinausweist –

weswegen die Handlung, als eine fortwaltende Nachwelt, mit radioaktiver Strahlung verglichen werden müsste.[44] Denn wenn eine Handlung sich musealisiert und zugleich eine Form des *nunc stans* annehmen kann, ist es geboten, ja unerlässlich, dass dieses ewige Jetzt, statt zur historischen Blackbox zu werden, sich ausweist und in seiner Historizität selbst erklärt. So wie sich der Verfasser über seine kulturelle Begrenztheit klar werden muss, muss er sich umgekehrt als ein historisches Wesen auffassen – und verantworten.

All diese Maximen sind, auch wenn sie höchst abstrakt anmuten, selbstverständlicher Bestandteil zeitgemäßer Programmierung. Um dem Dilemma des Spaghetticodes zu entgehen – jenes unlesbaren Buchstabensalats mithin, der eine Weiterbearbeitung unmöglich macht –, ist es gängige Praxis, dass jede relevante Zeile Code in natürlicher Sprache kommentiert wird. Des Weiteren ist es zeitgemäße Praxis, dass sich der Programmierer allgemeinen Notations- und Hygieneregeln unterwirft (*linting*) und die in das Programm eingeflossenen Erwartungen überprüft (*test-driven development*), eine Praxis, die unweigerlich zur Selbstreflexion zwingt. In Anbetracht all dieser Exerzitien verliert die Rede von der Verantwortung für die künftigen Generationen ihren Sonntagsredencharakter. Denn das Ziel ist, über Raum und Zeit hinweg Transparenz und Intersubjektivität zu bewahren – vulgo, das, was wir im ökologischen Kontext ›Nachhaltigkeit‹ nennen.

Versuchen wir all diese Maximen unter einem Sammelbegriff zu fassen, könnte man von einer *Kunst der Enteignung* sprechen. Dieses Ethos, bei dem sich der Einzelne als Einer-im-andern begreift, ist die Basis dafür, dass sich Offenheit (*Open Source*) und Gemeinwohlaspekte (der Mehrwert der *Creative Commons*) durchsetzen können. Allerdings nähern wir uns hier einem Paradoxon: Was der Allgemeinheit nutzt, muss keineswegs auf der Hand, geschweige denn im Erwartungshorizont der Zeitgenossen selbst liegen. Dies ergibt sich schon daher, dass der Ausgangspunkt aller Innovation nicht dem gesunden Menschenverstand entspringt, sondern einer symbolischen Ordnung (die ihrerseits als eine Form der systematisierten Weltfremdheit gelesen werden muss, die als eine historische Größe in einen Widerspruch zum allgemeinen Verblendungszusammenhang hineingeraten kann). In ihren Entstehungskontext gerückt, erscheinen alle Mega-Entwicklungen als Überspanntheiten, als verrückte Ideen, denen erst a posteriori Sinnfälligkeit und gesellschaftliche Zustimmung zugewachsen sind. So besehen ist der gesellschaftliche Kanon – die Zurichtung auf ein bestimmtes Erziehungsideal – geradezu der Garant dafür, dass eine Augmentation der gesellschaftlichen Usancen *nicht* stattfinden wird.

In diesem Sinn ist die Formel des $x = x^n$ auch die Beschreibung eines Gesellschaftskonflikts. Denn wird der Einzelne mit der Forderung konfrontiert, um der Gesellschaft und des Gemeinwohls willen auf einen Eigentumsanspruch zu verzichten, muss die Gesellschaft bereit sein, eine radikale, auch vor vermeintlichen Verrücktheiten nicht zurückschreckende Individuation nicht nur nicht zu behindern, sondern im Gegenteil: noch weiter zu befördern. Weil nur beides zusammen zum Gelingen beitragen kann, muss die Bereitschaft, die Früchte der eigenen Arbeit der Gesellschaft zu überantworten (Kunst der Enteignung), mit dem Mut und der Entschlossenheit zur radikalen Subjektivität zusammengehen – eine Disziplin, die man bislang nur in der Kunst praktiziert hat (und die ihres »kommunistischen Anstrichs« zum Trotz nicht zwangsläufig auf die Sympathien der Zeitgenossen rechnen kann). Letztlich führt uns diese Aporie zum inneren Widerspruch aller Autorität: Wenn *auctoritas* aus der Mehrung des Allgemeinwohls herrührt, so gründet Autorschaft auf der Literalität, das heißt auf der Vertrautheit mit einer symbolischen Ordnung. Dieser Widerspruch wird zur vollständigen Aporie dort, wo die symbolische Ordnung selbst noch als Fremdkörper gilt – und keineswegs als das unhinterfragte Fundament alles Gesellschaftlichen. Dies ist genau ein Charakteristikum unserer Übergangsepoche, deren Institutionen, Prozeduren und Gesetzgebungsverfahren allesamt der untergehenden Welt der Repräsentation angehören, während die informellen Praktiken sich längst den Gesetzen der neuen Zeit überantwortet haben. In diesem Übergang, der sich vor allem in Dissoziationen, Disruptionen, ja in Gestalt einer umfassenden schöpferischen Zerstörung artikuliert, läuft jedes ethische Programm Gefahr, sich in einem Doublebind, einer kognitiven Dissonanz zu verlieren. Tatsächlich ist die Ethik, die dem Einzelnen diese Aufgabe aufbürdet, der größte Feind ihrer selbst. Ein sehr eindringliches historisches Exempel dafür bietet das 14. Jahrhundert, das über das fragwürdige Wirken diverser Falschmünzerkönige mit Problemen der Geldentwertung zu schaffen hatte, diesem systemischen Konflikt allerdings nur mit der individual-ethischen Forderung nach dem ›gerechten Preis‹ zu begegnen vermochte. Dies entspricht ziemlich genau der Antwort, zu der auch unsere Zeitgenossen griffen, als sie die Überspanntheiten der entfesselten Geldmärkte mit der Gier der Banker erklärten, die systemische Krise dahinter aber großzügig ausblendeten. Im Lichte dieser Erfahrungen ist es höchst fraglich, ob die oben ausgearbeiteten Forderungen unter den obwaltenden Bedingungen einlösbar sind – und sei es auch nur als *minima moralia*. Solange Arbeit und Eigentum sakrosankt sind, die Produktion eines ökonomischen *Bads* profitabler ist als ein langfristiger Nutzen, zudem ein Kapitalbegriff herrscht, der dem Fetisch einer untergegangen Welt Tribut zollt, hat man es mit Gütertafeln zu tun, die unvereinbar sind mit der symbolischen Ordnung des Digitalen. Bevor man hier ethische Forderungen aufstellt, bestünde die moralisch dringlichste Forderung darin, sich über den Ort klar zu werden, dem alle Ethik entspringt. Wenn das Virus uns auf dem falschen Fuß erwischt und die überkommenen Institutionen sich als wenig geeignet erweisen, die Probleme der viralen Gesellschaft zu bewältigen, zeigt dies nur, dass wir die Verlagerung unserer symbolischen Ordnung noch nicht in unser Denken überführt haben. Täten wir dies, so müssten wir sehen, dass das Virus, obschon blinde Natur, kein Fremdkörper ist. Eher wäre es, wie im Bildnis des Dorian Gray, als eine Form der Abspaltung zu begreifen. Wir müssten die verschlossene Kammer betreten, den Ort, wo wir uns der verwüsteten, gealterten Fratze unserer ewigen Jugend gegenübersehen.

Nach dem Schock

Die große, drängende Frage der Gegenwart lautet: Wann kehrt endlich der Normalzustand ein? Wäre die Pandemie den vertrauten Influenzakrankheiten vergleichbar, wäre die Antwort einfach: Wenn die Saison vorüber ist. Die Covid-19-Pandemie ist anders, weil der Normalzustand, zu dem man zurückkehren möchte, schon zuvor nur als Phantasma funktionierte: eine gesellschaftliche Verdrängungsleistung, welche die *conditio sine qua non*, das Triebwerk der viralen Gesellschaft, souverän überspielt hat. In diesem Sinn ist die Rückkehr zur Normalität so wenig wahrscheinlich wie der Slogan »Make America great again!« oder die Aufforderung »Take back control«. Weil wir – wie die hypermotorisch voranstürmende Zeichentrickfilmfigur – schon vor geraumer Zeit den Boden unter den Füßen verloren haben, lautet die Antwort: Die Normalität von ehedem ist Geschichte, ja, sie war es schon in dem Augenblick, als wir unschuldigerweise glaubten, es handle sich um eine Normalität. Die Welt nach Corona wird eine andere sein. Fraglich bleibt jedoch, ob das Weltverständnis sich auf die Gesetzmäßigkeiten der Netzwerkgesellschaft einlassen wird. Ebenso gut wäre es möglich, dass man der Wunschvorstellung erliegt, sich gegen die intellektuellen Zumutungen impfen zu können. Hinter dem Phantasma der Immunität ragt das Bild jener *communitas* auf, die glaubt, sich gegen Widrigkeiten aller Art versichern zu können. Das Befremdliche daran ist, dass die Kulturtechniken, derer wir uns in der Post-Corona-Normalität bedienen werden, die gleichen sein werden, die uns jetzt schon vertraut sind – nur dass ihnen, der Umwertung aller Werte gemäß, ein radikal neuer Stellenwert zugeflogen ist. In Anbetracht der Konflikte, die in den letzten Jahren die politische Landschaft geprägt haben, ist es mehr als wahrscheinlich, dass die ausstehende Geisteswende kein friedlicher Prozess sein wird. Dies rührt daher, dass die digitale Disruption immer größeren Bevölkerungsanteilen gravierende wirtschaftliche Einbußen zumuten wird, nebst einem *horror vacui*, bei dem sich ein lange antrainierter, über Generationen überlieferter Wertekanon in nichts auflösen wird. Hinzu kommt eine verschleppte systemische Krise, die nicht nur die Institutionen und Wirtschaftsakteure, sondern das zugrunde liegende Tauschprinzip der Gesellschaft betrifft. Schon jetzt hat die Limbologik der Aufmerksamkeitsökonomie zur Herausbildung tief verfeindeter Fraktionen und einer beispiellosen ideologischen Zersplitterung geführt.

Wenn wir uns hier zur Metapher der tektonischen Platten geflüchtet haben, die langsam auseinandertreiben, so ist dies freilich nicht mehr als eine Verbildlichung. Denn *dieser* Konflikt findet nicht in bildlicher Form statt, sondern tobt sich in unserem Inneren aus. Auf welche Weise sich die kognitiven Dissonanzen und Widersprüche entladen werden, lässt sich schwer vorhersagen. Wenn ich nun einen zweiseitigen – zunächst dystopischen, dann utopischen – Ausblick wage, so deswegen, weil die Kräfte, die sich hier dichotomisch entladen, seit Langem bekannt sind. In diesem Sinn wohnt meinen Zukunftsszenarien das Trägheitsmoment aller Weissagung inne. Wenn dabei die Worst-Case-Beschreibung überaus finster ausfällt, so nicht, weil ich das dystopische Genre präferiere, sondern weil mir am Herzen liegt, was jedem Kassandraruf innewohnt: der Wunsch, dass die Voraussage, indem sie laut und vernehmlich artikuliert wird, nicht eintreffen möge. Sie verfolgt also genau das Ziel, nicht recht zu behalten – und markiert in diesem Sinne eine Gegen-Weissagung. Um eine katastrophische Entwicklung abwenden zu können, gilt es freilich, sich von frommen Hoffnungen und Gesundbeterei fernzuhalten und stattdessen den Pessimismus und das Misstrauen in die kollektive Lernbereitschaft zu pflegen – ein Strategem, welches jedes Schwarz noch schwärzer aussehen lässt. Wenn demgegenüber die utopische Variante rosarot, ja weltfremd anmuten mag, so hat auch dies weniger mit einer persönlichen Wunschvorstellung zu tun, als vielmehr mit der tektonischen Gewalt des Geschehens. Es ist nicht unwahrscheinlich, dass die Umwertung aller Werte zu einem ähnlich grundstürzenden Geisteswandel führen wird, wie er der Zeit nach dem Schwarzen Tod, der Renaissance beschieden war.

Dystopia

Schon jetzt ist absehbar, dass die Krise ein Feld der Verwüstung in unserem Wirtschaftsleben hinterlassen wird. Abgesehen von den Einbußen, die mit dem Lockdown zu tun haben (und die vor allem die Event- und Vergnügungsindustrie betreffen), kommt hier ein zweites Moment ins Spiel: ein drastischer Rationalisierungsschub, der dazu führen wird, dass jede Arbeit auf ihre digitale Ersetzbarkeit hin überprüft wird. Verwaltungs-, Broker- und Vermittlungstätigkeiten, ja, überhaupt jede Arbeit, die regelhaft und routinemäßig abläuft, wird davon betroffen sein. Dies bezieht nicht nur einfache Tätigkeiten mit ein, sondern erstreckt sich auch auf akademische Berufe. Wie die Krebsfrüherkennung auf Röntgenbildern nicht notwendig von einem Radiologen gemacht werden muss, sondern ebenso gut einem *Machine-learning*-Algorithmus überantwortet werden kann, lassen sich auch Recherche-, Sortier- und Klassifikationstätigkeiten maschinell durchführen. Selbst Arbeiten, bei denen die menschliche Begutachtung wesentlich scheint (wie etwa bei einer ärztlichen Beratung) könnte man Dialogbots übertragen, die in einem Frage- und Antwort-Spiel einfache Diagnosen erledigen können. Weil das Potenzialgefälle zwischen menschlich geleisteter und virtuell möglicher Arbeit schon jetzt erheblich ist, können sich derlei Rationalisierungsmaßnahmen mit äußerster Geschwindigkeit, ja geradezu sturzbachartig vollziehen. Diese Entwicklung wird auch dadurch befördert, dass jede menschliche Zusammenkunft mit Ansteckungsgefahren einhergeht – die digitale Lösung also auf große Akzeptanz setzen kann. Dass erstmals auch akademische, bürgerliche Berufe mit einer Rationalisierungsdrohung konfrontiert werden, bedeutet sozialpsychologisch eine Erschütterung – umso mehr, als sie mit einer Spaltung der Generationen einhergeht. Wo aber die ökonomische Depression um sich greift, werden Bedenken verstummen und Rücksichten fallen. Ohnehin schon prekäre Arbeitsplätze (wie etwa Callcenter) werden ›künstlichen Intelligenzen‹ überantwortet – ein Umstieg, der wiederum die Preise für derlei Dienstleistungen fallen lassen wird. Ähnliches gilt für Paketboten und LKW-Fahrer, die sich der Konkurrenz durch Auslieferungsdrohnen und autonome Fahrzeuge erwehren müssen. Die rasante Virtualisierung des Arbeitslebens wird aber auch diejenigen erfassen, deren Arbeiten sich nicht durch Algorithmen oder künstliche Intelligenzen ersetzen lassen. Dass Konzerne wie Twitter oder PSA (der Hersteller von Peugeot, Citroën und Opel) das Homeoffice zum Standard deklariert haben, bietet einen Ausblick auf Arbeitszusammenhänge, die ähnlich virtuell sein werden, wie es die Brands und Firmenlogos schon jetzt sind. Statt auf teure Büroflächen, repräsentative Empfangshallen und kostspielige Auslandsreisen wird man auf das heimische Büro, die Telefonkonferenz und die kollaborative Cloud-Arbeit setzen – Einsparmaßnahmen, die tiefgreifende Auswirkungen auf den Verkehr, die Innenstädte, ja schließlich auch auf den länderübergreifenden Luftverkehr, das Hotel-, Messe- und Konferenzwesen haben werden. Die Virtualisierung wird den Charakter der Arbeit grundlegend verändern, auch deswegen, weil nun alles mit einer digitalen Aufzeichnung einhergeht. Schon jetzt halten Software-Plattformen wie *github* jeden Arbeitsschritt fest: jede Zeile, jeden Fehler, jeden Dialogbeitrag. Auf diese Weise lässt sich ein Projekt, und zwar im Detail, über Wochen und Monate verfolgen. Insofern sämtliche Arbeitsschritte in die Datenbank eingehen, hat man es nicht nur mit einer Chronik der laufenden Ereignisse, sondern mit einem Thesaurus zu tun, aus dem man Rückschlüsse auf die Arbeitsqualität ziehen, Schwachstellen lokalisieren und Überflüssiges ausmerzen kann. Die ins Homeoffice ausgelagerte Arbeit hat sich mithin aus der ›Realwirtschaft‹ verabschiedet und ist in der Virtualität angekommen, dort, wo jede Arbeit Gefahr läuft, im Museum der Arbeit unterzugehen. Weil die Arbeit dabei ihre unterhaltsame Seite verliert (den Plausch an der Kaffeemaschine, die launige Bemerkung über den Schreibtisch hinweg), schwindet das Gruppengefühl, wird sich ein Begriff wie *Work-Life-Balance* wie das Residual einer kollektiven Befindlichkeitsstörung ausnehmen. Wo man zur Sache kommen will, ist das einzige, was zählt: ob das, was projektiert war, seiner Realisierung nähergekommen ist.

Da die Rationalisierungsschübe die Nationalökonomien unterschiedlich treffen, wird die ökonomische Ungleichheit wachsen. Die Angst vor dem Virus wird zur Wiedererrichtung von Zollgrenzen und Einfuhrsperren führen, die sich insbesondere für Entwicklungs- oder Schwellenländer katastrophal auswirken werden. Die Rückabwicklung der Globalisierung setzt den Faktor Arbeit noch weiter unter Druck – und hat zur Folge, dass man noch stärker auf Digitalisierungseinsparungen setzt. Hat man sich in der Finanzkrise dadurch beholfen, dass man eine *Abwrackprämie* auf Autos ausgelobt hat, wird man versuchen, eine Abwrackprämie auf Menschen auszustellen (die wiederum der Regierung in Rechnung gestellt und euphemistisch Sozialprogramm oder Frühverrentung genannt wird). Derlei Freisetzungen werden auch deswegen nötig, weil die alten Industrien, die ehedem ihre strukturellen Krisen mit billigem Geld zuschütten konnten, in der drohenden Deflation in einen Überlebenskampf hineingeraten. Um der Gefahr eines Produktionsausfalls entgegenzutreten und wettbewerbsfähig zu bleiben, wird man schon aus betriebswirtschaftlichen Gründen alles daransetzen, den Faktor Mensch durch maschinelle Intelligenz zu ersetzen. War die Fabrik ehedem ein Ort der Menschenzusammenballung, wird sie nun, von Kameras und Sensoren überwacht, zu einem Raumschiff, das im Idealfall unbemannt und *remote* betrieben werden kann. Eine ähnliche Entwicklung wird sich im stationären Handel bemerkbar machen, der, wenn er nicht überhaupt von der Bildfläche verschwinden will, mit *Just-walk-out*-Kassen aufwarten wird. Dies führt zu einer Verwaisung der Innenstädte und des öffentlichen Lebens. Die vereinzelten Individuen wiederum, die in ihren häuslichen Raumkapseln (wie Major Tom, »völlig losgelöst«) durch den Infospace fliegen, werden den Verlust des unmittelbaren Kontakts durch digital kuratierte Sozialkontakte zu kompensieren versuchen. Katastrophaler noch als die Beschneidung der unmittelbaren Sozialkontakte wird sich die Störung des Selbstbildes auswirken: der Verlust des Jobs, der Bedeutung, des Wertesystems. Um den Verlustängsten zumindest eine Erklärung hinzuzugesellen, wird man sich auf Verschwörungstheorien oder Ressentiments stürzen – wenn man nicht gleich zu roher Gewalt Zuflucht nimmt. Wer hier als Schuldiger herhalten muss, ist in den Anschuldigungen gegen Bill Gates bereits präfiguriert – all diejenigen nämlich, die vom Digitalisierungsschub profitieren. In dieser Erzählung wird Corona als infamer Kunstgriff gelten, mit dessen Hilfe ein digitales Welt- und Überwachungsregime etabliert werden konnte: ein Panoptikum, das einer verschwindend kleinen Elite zum Vorteil gereicht. Wie der Zins des Mittelalters – der nichts war als eine logische Folge der universalen Maschine (»Zeit ist Geld«) – den Antisemitismus groß werden ließ, wird in der Klage über die Datenknechtschaft das Schreckbild eines digitalen Weltjudentums entstehen, eine Verschwörung, die alle erdenklichen Elemente der Popkultur aufleben lässt: Satanismus, Pädophilie etc.[45] Der geistige Bodensatz, auf dem derlei Verschwörungstheorien gedeihen, ist längst angerichtet: Hier tummelt sich eine bunte Melange von Reichsbürgern, Islamisten, bis hin zu den Kapitalismuskritikern der Linken. Da aber auch immer größere Kreise der Mittelschicht ins Prekariat absinken werden, ist nicht auszuschließen, dass sich das Ressentiment nachgerade zu einer Volksbewegung auswachsen wird. Wird der Staat, um des sozialen Friedens willen, alles daransetzen, den *status quo* zu bewahren, wird er bei sinkenden Steuereinnahmen und wachsendem Unmut zur Verschlankung und Virtualisierung genötigt. Dies wird auch deshalb unumgänglich sein, weil das mit der Krise zutage getretene Behördenversagen ein Skandalon darstellt, das die staatliche Legitimität untergräbt (bestens alimentierte Staatsdiener, die im Augenblick der Krise durch Arbeitsverweigerung glänzen). Konnte man schon in der Vorkrisenzeit Produktivitätszuwächse nur durch Ankurbelung der Notenpresse bewirken (was eine wirtschaftliche Zombiekultur etablierte), wird man die Alimentierung auf immer weitere Bereiche des Wirtschaftslebens ausdehnen müssen, umso mehr, als viele Wirtschaftsakteure ganz unschuldig in Kalamitäten hineingeraten sind. Langfristig jedoch wird der Staat die Entwertung der Arbeit nicht kompensieren können. Zu den binnenökonomischen Stressoren kommen außenpolitische hinzu – politische Verpflichtungen etwa, die dem europäischen Zusammenhalt geschuldet sind. Weil die Volkswirtschaften Südeuropas zu einem Drittel vom Tourismus leben und die Stockung des hedonistischen Impulses eine existenzielle Gefährdung bedeutet, wird der Ruf nach gesamteuropäischer Solidarität immer lauter. Die einzige Möglichkeit, dieser Abwärtsspirale entgegenzutreten, besteht in der Gewährung eines allgemeinen, europaweiten Grundeinkommens, eine Maßnahme, die mit einer radikalen Abschottung der europäischen Grenzen einhergehen wird. Weil das Grundeinkommen auf Seiten der Kapitalbesitzer, aber auch der Produzenten durch Mehrbesteuerung kompensiert werden muss, kann man sich das wachsende Rumoren ausmalen – all die Konflikte, die entbrennen, weil sich eine Gruppe von Leistungsträgern zurückgesetzt sieht. Die Einsicht, dass angestammte Privilegien nicht aufgrund bösartiger Machinationen beschnitten werden, sondern Opfer einer lange verschleppten, jetzt aber mit aller Heftigkeit ausgebrochenen Erneuerungskrankheit sind, wird übertönt vom Geist des Ressentiments; statt die Beschneidungen hinzunehmen, wird man mit dem Finger auf andere zeigen, auf die Staatsdiener etwa, die sich ihre Untätigkeit vergolden lassen, die Digitalisierungs- und Krisengewinnler etc. Die Krise wird also nicht in eine Neubesinnung und Neuausrichtung des Wertekanons münden, sondern vielmehr heftige gesellschaftliche Verteilungskämpfe nach sich ziehen. Die untergründigen

Probleme der multikulturellen Gesellschaft (der Mangel an Gemeinsinn, Xenophobie, Rassismen, identitätspolitische Idiosynkrasien) werden die zentrifugalen Kräfte noch weiter befördern. Konnte sich der Staat zu Beginn der Krise mit einer ›Politik der harten Hand‹ als entschiedener Krisenmanager gebärden, wird er nun von allen Seiten in die Verantwortung genommen. Dabei wird die Unbeschwertheit der Vorkrisenzeit zum Paradies verklärt, zum Maßstab, an dem alles gewogen – und für zu leicht befunden wird.

Die größte Hypothek wird jedoch in einem allgemeinen Mangel an Zukunft und Geistesgegenwart liegen. Weil im Zeichen der Identitätspolitik sich immer größere Kreise der gesellschaftlichen Elite von einem positiven Bildungs- und Zukunftsbegriff verabschiedet haben, sind die Stimmen, die sich für eine Gesellschaftserneuerung stark machen könnten, rar gesät. Vor diesem Hintergrund wird sich die Krise des staatlichen Bildungssystems desaströs auswirken. Denn mit dem *Remote Learning*, welches das Lernen über kurz oder lang in die Logik eines Computerspiels überführt, erweist sich das überkommene Bildungssystem als heillos gestrig und unreformierbar. Umgekehrt wird sichtbar, dass die behauptete Exzellenz nur auf dem Papier existiert hat – dass man es vor allem mit einer Form der gesellschaftlichen Scheinproduktion zu tun hat, die Zertifikate mithin das Papier nicht wert waren, auf das sie geschrieben waren. Was jemand zu leisten vermag, wird nicht mehr eine Frage pädagogischen Gutdünkens sein, sondern präzise über Assessment-Programme ermittelt. Weil derlei Lösungen raum-, zeit- und schichtunabhängig sind, braucht es nicht viel mehr als eine Grundausrüstung, die jedes Kind in die Lage versetzt, sich selbst fortzubilden. Ist ein Unterrichtsmodul digitalisiert, lässt sich dies dem Thesaurus des Wissens hinzufügen. Damit wird auch die Bildung ins Museum der Arbeit überführt, verliert umgekehrt die Sozialindustrie, die sich tapfer als sozialverträglicher Reparaturbetrieb inszeniert hat, ihre ökonomische Grundlage. All dies wird dazu führen, dass der Sozialstaat der Bildung und damit seines Zukunftsversprechens verlustig gehen wird – was in der Bevölkerung zu einer weiteren Erosion gesellschaftlicher Solidarität führen wird. Die Konflikte zwischen den Gewinnern der Krise (einer verschwindend kleinen Elite) und den Krisenverlierern werden ein Klima gesellschaftlichen Bürgerkriegs hervorrufen, bei dem es stets darum geht, irgendeine Minorität für die eigenen Verluste bezahlen zu lassen. So schlägt das Social Distancing in offene Feindschaft um, werden die sozialen Medien zu Kampfzonen, auf denen sich die verschiedenen Kombattanten und Interessensgruppen zusammenrotten, sei es, um einander zu bekriegen oder die eigene Anhängerschar bei der Stange zu halten.

Paradoxerweise wird die Destabilisierung der öffentlichen Ordnung mit den Mitteln der Technik weiter vorangetrieben. Denn zu niederen Zwecken eingesetzt, können die Simulationstechniken ein ungeahntes Zerstörungspotenzial entfalten. Dem könnte die kostbarste gesellschaftliche Währung zum Opfer fallen: das Vertrauen in die Institutionen, den Rechtsstaat, die grundsätzliche gesellschaftliche Benevolenz. Soll beispielsweise ein Politiker oder eine andere Figur des öffentlichen Lebens aus dem Weg geräumt werden, lässt sich sein öffentliches Bild, mittels *deep fakes* beispielsweise, in kürzester Zeit kontaminieren. Standgerichte, die nach dem Modell von #MeToo funktionieren, werden zur neuen Normalität – wohingegen die Justiz, als langsamer, träger Staatsapparat, weiter in die Defensive geraten wird. Im Ausnahmezustand gelten mutmaßliche Skandale und Verschwörungen als die verlässlichsten Waffen, denn auf diese Weise lassen sich größere Menschenmassen hinter einer Flagge versammeln. Je einfacher eine Botschaft, desto größer die Chance, dass man schlagkräftige, kampfbereite Kohorten hinter sich zu vereinigen weiß. Hat sich schon in der Vorkrisenzeit ein Niedergang des öffentlichen Raums abgezeichnet, entpuppt sich die Identitätspolitik als Vorläufer eines rücksichtslosen Clandenkens, dem es nur um den eigenen Platzvorteil geht. Wird der Zerfall der Ordnung durch asymmetrische Kriegsführung ausländischer, diktatorischer Mächte befeuert (Hackerangriffe, EMPs, Biowaffen etc.), kann die neue Unübersichtlichkeit schnell in einen Zustand des Bürgerkriegs einmünden. In Anbetracht der drohenden Anomie werden sich Bußprediger, Reinheitsapostel und die Statthalter der Vergangenheit stark machen – wird das Motto der Stunde die Rückkehr zum *status quo ante* sein. Dabei wird die unbeschwerte Zeit der Vorkrisenzeit gerade in dem Maße verklärt, in dem man sich immer weiter von ihr entfernt. Aller politischen Logik entkleidet, wird man in ein Wutgeheul einstimmen, das nichts anderes skandiert als: Rückkehr zur Normalität.

Utopia

Sonderbar, dass man den Nicht-Ort der Utopie vom *horror vacui* hat lösen können. Vielleicht bedarf es einer Bejahung des Horrors, um die Utopie nicht als Schreckgebilde, sondern als Zukunftsverheißung zu lesen. Wir müssen begreifen, dass wir, dem allgemeinen Verblendungszusammenhang folgend, uns in einer Zombiewelt bewegt, uns gegenseitig aber eingeredet haben, es handele sich um das Leben. Jetzt aber wissen wir:

Der Kaiser ist nackt, nein, ärger noch, er ist tot. Was uns als Dekonstruktionsübung auferlegt war, ist nichts weiter als eine Farce, ein postmoderner Zombiekult. Mit der Einsicht der Nichtigkeit löst sich der *horror vacui* in Wohlgefallen auf, kann die Utopie ihre segensreiche Wirkung entfalten. Stellen wir uns also vor, dass sich die Krise in alle Zukunft ausgedehnt hätte, aber dass auch die Hilfsmaßnahmen geblieben seien. Neben dem Impfstoff das allgemeine Grundeinkommen zum Beispiel, das eine tiefere und psychologisch bedeutsamere Wirkung entfaltet, als die begrenzte Zeit der Pandemie uns an Schrecken beschert hat. Da wäre das Gefühl, als ob man aus einer Kinofantasie ins Leben hinausträte. Und indem die Drehtür sich hinter uns schließt, lassen wir eine abgedrehte, hundertfach gesehene Schwarzweiß-Komödie hinter uns, mit schrägen Vögeln, bizarren Ritualen und einem sinnlosen Plot, der sich in zwanghafter Betriebsamkeit um ein Nichts gedreht hat. Ein Nichts? Vielleicht ist die größte Verwunderung, dass man diese Screwball Comedy überhaupt einmal hat ernst nehmen können. Geld, hat ein kluger Ökonom einmal gesagt, ist ein knappgehaltenes Nichts. Jetzt, da dieser erlösende Satz gefallen ist, wird offenbar, wie lächerlich vieles doch war. Dabei ist noch das Geringste, dass wir unsere Zeit damit vertrödelt haben, uns mit Geld, das wir nicht haben, Dinge zu kaufen, die wir nicht brauchen, um auf Menschen, die wir nicht mögen, keinen bleibenden Eindruck zu hinterlassen. Irritierender ist, dass man dieser Weltreligion selbst einmal Glauben geschenkt hat. Im *Anything, Anytime, Anywhere* sind die ökonomischen Glaubenssätze von einst so fern wie die Götter der Alten, so fern wie Penia, die Göttin der Armut, die so arm war, dass sie sich von Poros, dem Gott des Überflusses, den Samen rauben musste. Zwar hat sich schon vor langer Zeit die Mangelökonomie in eine Ordnung des Überflusses gewandelt – aber erst die Krise hat dazu geführt, dass alle sinn- und geistlosen Verrichtungen an die Maschine delegiert worden sind: Termine, Abrechnungen, Steuererklärungen, Suchprozesse, all das, was eine immergleiche, repetitive Bewegung erfordert. Da ist niemand mehr, der nervös auf die Uhr schaut, niemand, der ungefragt anruft und mit gespielter Begeisterung irgendein Sonderangebot anpreist, niemand, der den Mangel zu einer Tugend verklärt. Nein, wir leben nicht mehr, wie die Ökonomen gelehrt haben, auf dem kalten Stern der Knappheit, sondern in einer Welt des Überflusses. Indem der Mangel sich aus der Welt gestohlen hat, ist auch das Mängelwesen Mensch freigesetzt worden. Vermissen wir ihn wirklich, diesen Arbeitssklaven, der wie ein Strafgefangener seine Zeit *auf Arbeit* abgesessen hat? Wie überhaupt konnte diese Schrumpffigur zum Ziel aller Bildungsanstrengungen werden? Woher nur die Bereitschaft, als Rädchen – klein, aber oho! – im großen Getriebe mittun zu wollen?! Ja, früher einmal mag derlei einen Sinn gehabt haben, aber in der Welt der Computer ist die Mangelökonomie nichts als Selbsttäuschung, der Schatten eines sterblichen Gottes, den wir künstlich am Leben gehalten haben. Bemerkenswert nur, dass es eines Virus, einer Todesdrohung bedurft hat, um uns eines Besseren zu belehren. Gäbe es einen Gott, hätte er mit dieser Intervention einen besonderen Humor bewiesen: Er hätte uns dieses Virus geschickt, um uns darüber aufzuklären, dass es genau so funktioniert wie ein Computer: Es proliferiert und proliferiert … Jetzt aber, da wir aus dieser Mangelökonomie herausgetreten sind, haben wir den Willen zur Identität, diese Kinderkrankheit der Geschichte, abstreifen können. Mag ja sein, so könnte ein *advocatus diaboli* einwenden, dass der materielle Mangel verschwunden ist, dass niemand mehr gezwungen ist, einer geist- und sinnlosen Arbeit nachzugehen, aber was ist mit dem Mangel an Sinn? Und ist dieser Mangel nicht viel schrecklicher als eine Tätigkeit, die vielleicht unangenehm ist, aber doch mit einer gewissen sozialen Wertschätzung kompensiert wird? Ist eine Welt, in der alles musealisiert worden ist – Bilder, Töne, Gesten – nicht der vollständige Schrecken: ein Totenreich, von Zombies bevölkert? Aber nein, würde ich meinem a*dvocatus diaboli* antworten, was Du für das Ende Deiner Welt hältst, ist in Wahrheit nur ein neuer Anfang. Das Einzige, was wir verloren haben, ist die Monotonie – die Zwangsjacke der Identität, die uns, je nachdem, in das Gesellschaftskostüm eines Arbeiters, eines Lehrers oder irgendeiner anderen beschädigten Existenz hineingesteckt hat. Was wir im Gegenzug gewonnen haben, ist ein neuer, umfassender Begriff davon, was ein Menschenleben sein kann. So muss ein Ich sich nicht mehr dadurch konstituieren, dass es sich unablässig gegen ein Anderes abgrenzt. Wo eine universale Maschine im Spiel ist, ist es lächerlich, auf einer Position und Haltung zu beharren – so lächerlich wie die Annahme, dass sich das Virus um Rasse, Klasse, Geschlecht, geschweige denn um irgendeine selbstgebastelte Identität bekümmert. Das ist es, was der Gott des Überflusses uns lehrt: dass wir eine Ressource, eine Findigkeit, ein Möglichkeitssinn sind. Genau dieser Möglichkeitssinn, der ja ein Möglichkeitsraum ist, schließt sich auf, wenn man die Identität hinter sich lässt. Als Dividuum, als Einer-im-andern, werde ich wie ein Literat, der sich in seine Figuren hineinversetzt, jede noch so abseitige Empfindung, jede Idiosynkrasie nachfühlen können. Und damit ist mir, wie es so schön heißt, nichts

Menschliches fremd. Mag sein, dass mir nicht alles gefällt, aber die Neugierde ist stärker als der Ekel und das Bedürfnis nach Abgrenzung. Warum verreisen, wenn unsere Innenwelt so viel größer ist als eine Postkarte? *There's plenty of room at the bottom.* Es ist nicht nur die Tiefe des Raums, in die hinein wir entgrenzt werden, sondern die Tiefe der Zeit. Angeschlossen an diese Maschine, die uns einen Thesaurus des Weltwissens darbietet, werden wir die Menschheitsgeschichte durchstreifen, diesen Gedankenraum, der sich als eine Form der *comédie humaine*, als Geschichte der Irrungen und Wirrungen erweist. Sie durchstreifend, werde ich nicht mich selbst, wohl aber die Menschheit in mir kennenlernen: dieses Proteuswesen, das in immer neuen Anläufen neue Irrtümer, Glaubenssysteme und Plastiken aufeinander gehäuft hat. Den Anfang einer Geschichte zu kennen, bedeutet, dass man ihre Dramaturgie und Mechanik zu entziffern vermag. Kann ich die Irrtümer und Phantasmata endlich als solche begreifen, lassen sich die mit ihnen verbandelten Zwänge ablegen: der Zwang zur Eroberung, zur Dominanz und zur Abgrenzung. Indem man die Geschichte spielend durchstreift, tritt man aus dem Bann des Fremden heraus. Insofern besteht der Gipfel der Indviduation in nichts weniger als ihrer Auflösung. Wie ein Künstler, der von einer Phase in die nächste hinübergleitet, immer auf der Suche nach einer Sensation, die sein Fassungsvermögen übersteigt, werden wir lernen, dass unsere Existenz so viel größer ist als jener Fleck, der uns im kapitalistischen Gesellschaftsprogramm zugedacht war. Das wäre die Lehre, die sich mit dem Virus verbindet. In der Welt des Computers kommt es nicht darauf an, etwas zu wissen, sondern ein immer präziseres Gefühl für das Unbekannte, mehr noch: für das Unbekannte des Unbekannten zu entwickeln. Lassen wir die begrenzte Welt der Repräsentation hinter uns und treten in die Welt der Simulation ein, öffnet sich ein beinahe unendlicher Raum. Und weil hier die Grenze unserer Identität aufgehoben und ins Spiel überführt wird, entsteht Empathie – kommt ein tieferes Verständnis für die anderen Menschen, ja auch für die anderen Lebewesen hinzu. Vom Perfektionswahn befreit, können wir uns auf die Kunst des Scheiterns einlassen, und nicht nur dort, wo diese sich auf eine Fertigkeit, sondern auch auf uns selber bezieht. Das ist das Wesen der Kunst. Ich, du, wir – als soziale Plastik begriffen. Endlich-unendlich. »Try again. Fail again. Fail better.« Der Mangel mag schwinden, die Neugierde wächst.

Abgesang

Von Jean-François Lyotard, auf den der Begriff der Postmoderne zurückgeht, stammt die Einsicht: »Dekonstruktion ist nicht auf der Suche nach dem, was sie verloren hat, sondern hofft auf das, was sie noch nicht gefunden hat, wie ein altes Tier, das seiner Fütterung harrt«. Dass man seinen ganzen Scharfsinn der historischen Wiedervorlage, genauer: den nicht-realisierten Träumen der Vergangenheit widmet, mag erklären, warum ein Jacques Derrida, am Ende der Geschichte angelangt, sich einem »Messianismus ohne Messias« verschrieb, ja, sich geradezu in einer Geisterlehre erging, mit der er die klassische Ontologie zugleich zu kritisieren wie abzulösen versuchte. Der Gedanke liegt nahe, dass das alte Tier, das hier auf seine Fütterung wartet, das Monster der Metaphysik ist – nur dass man es, ins Negative gewendet, zu einem handzahmen Wesen abgerichtet hat. Und weil es den Kommandos seines Herrn blind gehorcht, genügt ein Ruf – und die Geister erscheinen. Dass man sich von dem ernährt, was man bekämpft, ist das Kunststück der Philosophie, so ingeniös wie der

Trick des Zauberers, der das Kaninchen, das er zuvor dort hineingesteckt hat, aus seinem Hut hervorzuzaubern vermag. So besehen ließe sich der Gedanke Lyotards dahingehend abwandeln, dass die Dekonstruktion das, was sie zu finden erhofft, immer schon herbeifantasiert haben muss. Auf kuriose Weise bestätigt die Postmoderne die Aussage, dass es nichts Mächtigeres gibt als eine Idee, deren Zeit abgelaufen ist. Denn hat man sich mit dem kleinen Präfix *Post-* der Last der Geschichte und ihrer Hypotheken entledigt, kann man dekonstruierend die Sehnsucht aller Philosophie einlösen: Suprematie des Geistes. Diese fällt umso großzügiger aus, als man fortan zum Flatrate-Tarif speisen kann: *All you can eat*! Just in dem Maße, in dem die Postmoderne sich von ihren Bedingungen löste,[46] glich sie sich dem Alten Tier der Metaphysik an, dem es weniger um Geistesgegenwart als um die uneingelösten Träume der Vergangenheit geht. Dass der Messianismus ohne Messias zahllose »social justice«-Aktivisten auf den Plan gerufen hat, die ein toxisches System inkriminieren und auf Wiedergutmachung pochen, bezeugt die anhaltende Faszinationskraft des postmodernen Denkens, trägt aber wenig zum Verständnis der Gegenwart bei. Die Pandemie hat demgegenüber die blinden Flecke des postmodernen Denkens hervortreten lassen. Hier erscheint – und zwar an den entgegengesetzten Polen alles Denkmöglichen – gleich ein doppelter Fremdkörper. Steht das Virus auf der Seite der Körperlichkeit (Soma), befindet sich die Netzwerkgesellschaft am anderen Ende des Spektrums, dort, wo sich die Realien in eine symbolische Ordnung auflösen (Sema). Wie das Virus sich der Biopolitik und dem sozialen Konstruktivismus verweigert, sind auch die Programmiersprachen, obschon reine Sprachgebilde, keineswegs arbiträr, sondern auf eine strenge Ordnung verpflichtet. Was in Anbetracht dieser maximalen Gegensätzlichkeit verwundert, ist der Umstand, dass sich der Binärcode (das Boole'sche $x=x^n$) als Logik der Viralität deuten ließe, ja, dass man es mit einer *coincidentia oppositorum*, zumindest aber mit einer Strukturgleichheit zu tun hat. Wenn sich diese Strukturgleichheit in der Pandemie als absoluter Ausnahmezustand, ja, als *daemon absconditus*, artikuliert, ist damit nichts anderes gesagt, als dass sich das Problem der viralen Gesellschaft unter der Hand eingestellt hat. Damit aber ist zugleich die Fallhöhe des postmodernen Denkens beschrieben: die Comicfigur, die in den leeren Himmel vorangestürmt ist und erstmals einen Blick in die Tiefe werfen muss. Die postmoderne Blindheit, die darüber offenbar wird, lässt sich am Begriff der *mechane* dingfest machen. Denn dieser verweist ja ursprünglich nicht bloß auf die ingeniöse Maschine, sondern auch auf das, was sie – als »Betrug an der Natur« – aus der Welt schaffen soll.[47] Dass das Betriebssystem der Gesellschaft selbst einen Fremdkörper darstellt, stellt nichts Geringeres als ein Skandalon dar – eine kopflose Ratio, die an der Geistesgegenwart der Denker zweifeln lassen sollte. Betrachtet man die Geschichte unter diesem Blickwinkel, müsste man vom Paradox der Postmoderne, einer modisch verkleideten Zukunftsangst sprechen. Dass sie sich ausgerechnet zu jener Zeit etablierte, da sich die Gesellschaften in die digitale Hypermoderne hineinkatapultierten und die im 18. Jahrhundert entdeckte Universalsprache der elektromagnetischen Schrift einen bis dato unvorstellbaren Beschleunigungsschub bewirkte, lässt jedenfalls eine ausgeprägt eskapistische Neigung erkennen. Diese ist umso bemerkenswerter, als die Geschichte der Digitalisierung nicht bloß einen inkrementellen Fortschritt darstellt, sondern einen Ebenenbruch, der zudem mit einer grundstürzenden Verschiebung der Episteme einhergeht: *Anything, Anytime, Anywhere*. Damit aber ist jenes Feld des Wissens durcheinandergebracht, das die Philosophie seit ihren Anfängen als ureigenstes Terrain reklamiert hat. Dies zu ignorieren, demgegenüber aber auf einer Form der negativen Metaphysik zu beharren, lässt eine intellektuelle Selbstüberhebung erkennen, die an Selbstbetrug grenzt. In diesem Sinn wäre die Geste der Dekonstruktion (wie bei der in den leeren Himmel voranstürmenden Comicfigur) ein hysterisches Armrudern, ein wildes Gefuchtel, mit dem sich das Phantasma des freischwebenden Geistes aufrechterhalten lässt.

Was die Maschine anbelangt (im Sinne der *mechane*), müsste man demgegenüber, wäre dies nicht ein Widerspruch in sich selbst, von einer kopflosen Ratio sprechen – einer Praxis jedenfalls, die sich unter der Hand, unbeobachtet und ungerührt von allen Diskursanalysen, einfach durchsetzt. Mit dieser Feststellung berühren wir das Tabu der Maschine, oder genauer: die Frage, wie es möglich ist, dass man sich über ihre gesellschaftsbildende Funktion hinwegtäuschen kann. Dabei stellt der Verdrängungsprozess selbst, in seiner Banalität, das geringste Problem dar. Die Verdrängung gelingt, weil man die Maschine zu einem technischen Hilfsmittel, ja, zum Medium herabwürdigt, das man nach dem Vorbild eines Hammers im Griff hat. Dieses Verkleinerungsmoment, welches die Maschine ins Register der Werkzeuge verschiebt, erweist sich spätestens in dem Augenblick, da man nach dem Zweck der Maschine fragt, als Verdrängungsoperation. Denn mit der Frage nach dem Wozu offenbart sich, dass der Computer aus dem Ensemble der Werkzeuge herausfällt, ja, dass man es mit einer Werkstatt zu tun hat. Und mit dieser Werkstatt, die weniger einen technischen als einen geistigen Raum darstellt, wird eine neue symbolische Ordnung etabliert, in der Raum, Zeit und Materialität gleichermaßen transzendiert werden. Es ist nicht unwahrscheinlich, dass die Postmoderne, ätiologisch betrachtet, das Gewahren dieses Risses darstellt: Lyotards Bemerkung vom »Ende der großen Erzählungen« signalisiert ja nichts anderes als dies. Eine andere Frage jedoch ist, wie man auf eine solche Zäsur, einen solchen Zeitriss reagiert. Der Umstand, dass die Postmoderne es vorzog, sich als Arrièregarde der Zergliederung der Vergangenheit zu widmen, das Gesellschaftstriebwerk aber aus dem Auge verlor, belegt nur, dass auch das kritische Denken nicht vor dem Selbstbetrug gefeit ist. Nun ist die Eskamotage der *mechane* keineswegs auf unsere Gegenwart beschränkt, sondern ein Leitmotiv, ein *proton pseudos*, dem die Philosophie überhaupt ihre Faszinationskraft verdankt. Mit dieser Feststellung drohen wir uns in jenem schwärzesten Schwarz zu verlieren, bei dem man es, wie bei einem Palimpsest, mit Deckerinnerungen zu tun bekommt, deren jede die vorangegangene hat auslöschen müssen.

Wenn sich die Pandemie als Ausnahmezustand, ja als vollständiger Kontrollverlust artikuliert, so deswegen, weil die Maschine, die man zu einem bloßen Werkzeug herabgewürdigt hat, sich als der eigentliche Fremdkörper zu erkennen gibt. Was in der Begegnung mit der Viralität und dem Betriebssystem der Netzwerkgesellschaft zutage tritt, ist die Wiederkehr des Verdrängten: das gesellschaftliche Unbewusste, das schwarze Loch unseres Denkens. Und zwar nicht als Phantasma, sondern als Realität. Die Geschwindigkeit, mit der sich das Virus binnen eines halben Jahres zur Pandemie hat auswachsen können, ist der Raison d'Être der Netzwerkgesellschaft geschuldet, dem Umstand, dass die elektromagnetische Schrift der Moderne die ganze Welt umhüllt hat. Ihr verdanken sich auf der anderen Seite auch die Möglichkeiten der Seucheneindämmung: die Echtzeitanalyse des Virus, die Ersetzung der Präsenz durch Telepräsenz, die Erzeugung des Impfstoffs. Kurzum: Was in der Krise entbunden wird, ist nichts anderes als die Ratio der *mechane*, die Notwendigkeit, den Betrug an der Natur endlich in Szene zu setzen. In diesem Sinn ist der Titel dieses kleinen Büchleins – *Going viral!* – nicht als Drohung zu verstehen, nur als Aufruf zur Geistesgegenwart: dass man sich über die Netzwerkgesellschaft und ihre geistigen Implikationen Klarheit verschafft. Dass man sich realiter nur auf mittelalterliche Seucheneindämmungstechniken hat einigen können, zeigt, wie groß die Leerstelle ist. Und wie tief verwurzelt die Bereitschaft, die Logik der *mechane* zu verleugnen. Die wilde Melange aus Verschwörungstheorien, Schuldzuweisungen und Selbstermächtigungsgesten, die quer durch alle Schichten und politischen Lager hindurch zu einem Imbroglio angeschwollen ist, ist wiederum ein greller Beleg für das gesellschaftliche Beharrungsvermögen: dass man jeden, aber auch jeden Wahnsinn zu unterschreiben bereit ist, nur um nicht, in einem Akt bloßer Geistesgegenwärtigkeit, um seine Selbsttäuschungen betrogen zu werden. Warum das so ist? Das ist der Beginn einer neuen Geschichte, eine Frage, die ein anderen Buch wird beantworten müssen.

Anmerkungen

1   Der 19. Oktober 1987, der »schwarze Montag« wäre hinzuzufügen, als ein Drittel des Weltvermögens an der Börse verschwand, auch deswegen, weil alle Broker das gleiche Computerprogramm benutzten.
2   Ich habe dieser Formel, gemeinsam mit Dirk Höfer, ein ganzes Büchlein gewidmet: *Alles und Nichts. Ein Pandämonium digitaler Weltvernichtung*, Berlin 2015.
3   Gilles Deleuze, *Nietzsche und die Philosophie* (1962), übers. v. Bernd Schwibs, München 1976, S. 150.
4   Ein markantes Beispiel dieser Verleugnung findet sich in dem kleinen Büchlein, das Derrida als Antwort auf das Ende der Geschichte, den Fall der Mauer und das unrühmliche Ende des Kommunismus, geschrieben hat: *Marx' Gespenster* (Frankfurt/M. 2003). Derrida, der sich hier an einer Ehrenrettung von Marx versucht, findet diese im Konzept der *hantologie,* einer Geisterlehre, die darin besteht, die unerledigten Fragen der Vergangenheit, also die Gespenster und Revenants, an die Stelle der Dinge (der Ontologie) zu setzen. Die Folge: Derrida predigt einen Messianismus ohne Messias, aber verabsäumt es, einen Blick auf die konkreten Verhältnisse zu werfen. Zweifellos verweist das *Kommunistische Manifest* (1848) auf das Gespenst, das in Europa umhergeht, aber es sagt auch: »Alles Stehende und Ständische verdampft« – womit die Ursache dieses historischen Umbruchs gegeben ist. Die Dampfmaschine. Wenn Marx versucht, die Hegel'sche Philosophie vom Kopf auf die Füße zu stellen, vollzieht der

postmoderne Philosoph genau die umgekehrte Bewegung. Beides jedoch muss, insofern die Frage der Viralität uns mit Soma und Sema gleichermaßen konfrontiert, an der Komplexität der Dinge vorübergehen.

5   Friedrich Nietzsche, *Also sprach Zarathustra*, Bd. 1, Chemnitz 1883, S. 16.
6   Womit sich das postmoderne Denken als Zwillingsfigur des Neoliberalismus zu erkennen gibt.
7   Wie sich später herausstellte, war Gaëtan Dugas keineswegs der erste Patient, der an AIDS verstarb. Dass ihm diese Rolle zugedacht wurde, hat damit zu tun, dass bei vierzig der ersten 240 Patienten eine Verbindung zu ihm hergestellt werden konnte.
8   In eine Formel übersetzt: $x*(x-1) / 2$.
9   Zweifellos nimmt sich die Formulierung, von nahem betrachtet, sehr viel komplexer aus. Im Denken Paul Feyerabends handelt es sich eher um eine Resignationsformel, mit der er die Unmöglichkeit einer wissenschaftlichen Universalsprache postuliert – und den Narrativen des Rationalismus die Weisheit der Hopi-Indianer gegenüberstellt. Fällt dies in ein eher esoterisches Register, lässt sich das Foucault'sche Genealogieprojekt, das nach außen wie eine skrupulöse *tour de force* durch die Geistesgeschichte wirkt, als eine Widerstandsgeste auffassen: hier wird Historie als Maskenball, als Serie der Verstellungen gedacht. Demgegenüber kann die Aufgabe des Einzelnen nur in einer Anti-Geschichte bestehen und darin, sich dem Machtzugriff des Dispositivs zu entwinden. Beide Gesten, ob sie nun den tradierten Wissenschaftsbegriff oder den politischen Raum attackieren, schließen sich, wenn auch ins Skeptische gewendet, an das deleuzianische Pathos der Selbstzeugung an – und nicht zufällig ist

Nietzsche derjenige, der diesen so unterschiedlichen Denkern die gemeinsame Schnittstelle liefert.

10 Dieser häufig Carl Schmitt zugeschriebene Gedanke findet sich erstmals in Theodor Däublers Gedicht »Sang an Palermo«, in: *Die Weissen Blätter*, Nr. 4, 1916.

11 Friedrich Nietzsche, *Werke in drei Bänden*, Bd. 2, München 1954, S. 122.

12 Dass ein Reality-Star wie Trump mithilfe seines Twitter-Accounts zum amerikanischen Präsidenten aufsteigen konnte, dass dieser Präsident, mit der Pandemie konfrontiert, vor den Augen seiner entgeisterten Chef-Virologin seinem Publikum die Einnahme, ärger noch, die Injektion von Desinfektionsmitteln empfahl, dass er, darob kritisiert, seinen Kritikern, den *lame stream media*, ihre Meriten, vor allem ihre *noble* (sic!) *prizes* aberkennen wollte, ist eine Groteske, die selbst der verwegenste Romancier nicht hätte niederzuschreiben gewagt hätte – oder wenn, so hätte sie bestenfalls in die Comicwelt von Gotham City gepasst.

13 Der Philosoph Roberto Esposito hat die *immunitas* geradezu zur Signatur des neuzeitlichen Staates seit Thomas Hobbes gemacht: der Staat als Schutzgemeinschaft zum Zwecke der kollektiven Lebensversicherung. Vgl. Roberto Esposito, *Immunitas. Schutz und Negation des Lebens*, Zürich 2004.

14 John Kenneth Galbraith, *The Affluent Society*, Boston 1958.

15 Das portable MinON-Gerät von Oxford Nanopore ist billiger als ein iPhone – und es lässt sich via USB-Port in jeden Computer stecken. Vergleicht man dies mit der Frühzeit der Gensequenzierung, dem H.U.G.O-Projekt, so ist festzuhalten, dass die Kosten um einen Millionenfaktor gesunken sind.

16 Dies war die Praxis, die 1374 in Venedig eingeführt wurde.
17 Rainer Maria Rilke, *Die Aufzeichnungen des Malte Laurids Brigge*, in: Rilke, R. M., *Sämtliche Werke*, Bd. 6, hg. v. E. Zinn, Frankfurt/M. 1984, S. 707–946, hier: S. 863.
18 Eine Corona-Infektion bei SAP beispielsweise reichte schon aus, um die ganze Belegschaft ins Homeoffice zu verbannen. Umgekehrt verzeichnete ein südkoreanisches Callcenter nach einer Corona-Infektion eine rasante Durchseuchung der gesamten Belegschaft – und führte damit die Verletzlichkeit des modernen Großraumbüros vor.
19 Die Berliner Senatsverwaltung schickte etwa den gesamten Justizapparat mit der Folge nach Hause, dass nur mehr 10 Prozent der Verfahren und Arbeiten bearbeitet werden konnten.
20 Friedrich Nietzsche, *Menschliches, Allzumenschliches*, in: ders., *Sämtliche Werke*, Bd. 2, München 1999, S. 197.
21 Man muss nur daran erinnern, dass der preußische Beamte und Begründer der modernen Statistik, Gottfried Achenwall, diese als *Staatswissenschaft* (1749) konzipiert hat.
22 Es ist bemerkenswert, dass Forrester zuvor das amerikanische Luftüberwachungssystem S.A.G.E koordiniert hat. Auch hier sehen wir den Übergang von Atombombendrohung und digitalem Überlebenssystem.
23 Dieses Zitat von Nicholas M. Butler gehört zu jenen *Memes*, deren Herkunft sich selbst bei peinlichster Suche nicht ausmachen lässt. Butler, dem sich zwei umfangreiche Bände zur Situation der amerikanischen Pädagogik verdanken (*Monographs on the Education in the United States*, Albany 1900), war

ein Philosoph, dem die Frage der Bildung ein Herzensanliegen war.

24 Ich habe an anderer Stelle darüber geschrieben. Vgl. *Metamorphosen von Raum und Zeit. Eine Geschichte der Wahrnehmung*, Frankfurt/M./New York 1994.

25 Obschon niemand die Anonymisierung der Nutzer in Frage zog und zur Schleifung des Datenschutzes aufforderte, war die Überzeugung von systemischem Missbrauch so dominant, dass die Frage der Speicherung zum *casus belli* werden konnte. Das Helmholtz-Zentrum verließ das Planungsgremium, eine große Gruppe von Wissenschaftlern fühlte sich zu einem offenen Brief genötigt und auch die üblichen Verdächtigen (der Chaos Computer Club et. al.) malten ein Horror-Szenario an die Wand. In gewisser Hinsicht war dies ein Sturm im Wasserglas. Letztlich nämlich folgten die Entwickler (mit einer feinen Sensorik für die Stimmung im Lande) der Vorgabe der Dezentralität – mit dem Effekt, dass der gesellschaftliche Mehrwert der Datenerhebung von vorneherein ausgeschlossen war.

26 »Um die für das Wohl der Völker am besten geeigneten Grundsätze der Gesellschaft aufzufinden, bedürfte es eines höheren Geistes, der alle Leidenschaften der Menschen überschaute und keine derselben empfände; dem jede Beziehung zu unserer Natur fehlte und der trotzdem aus dem Grunde von ihr Kenntnis besäße; dessen Glück von uns unabhängig wäre und der dennoch Neigung hätte, sich dem unsrigen zu beschäftigen; der sich endlich im Verlaufe der Zeit einen erst in weiter Ferne hervortretenden Ruhm erwürbe und in einem Jahrhundert arbeiten könnte, um erst in einem andern die Früchte seiner Arbeit zu genießen. Es bedürfte göttlicher Wesen, um den Men-

schen Gesetze zu geben.« (Jean-Jacques Rousseau, *Der Gesellschaftsvertrag oder Die Grundsätze des Staatsrechtes*, Leipzig [o. J.], S. 71–72.)

27 Strukturell gefasst bedeutet diese Notation, dass ein binäres Atom sich in sein Gegenteil verwandelt: x werde nicht-x. Da ein solche Wandlung in der Lichtgeschwindigkeit des Quantenraums stattfindet, läuft dies auf eine Form des Dimorphismus hinaus, bei dem ein binäres Objekt immer auch sein Gegenteil darstellen kann.

28 Wir begegnen hier einer Dialektik, die bereits den alten Griechen, mit der Gegenüberstellung von *ars memoria* und *ars oblivionis* bekannt war. Vgl. dazu: Martin Burckhardt, *Philosophie der Maschine*, Berlin 2018, S. 60 ff.

29 Vgl. Martin Burckhardt, *Vom Geist der Maschine*, Frankfurt/M./New York 1999.

30 Das Silo (gr. *siros*) ist nicht bloß Getreidegrube, sondern dient je nachdem auch als Fallgrube oder als Gefängnis. Dieser Bezug findet sich noch stärker in einem anderen Wort, dem *conditorium* – das mit der Grablegung, dem *funus* verwandt ist.

31 Das Marx'sche Maschinenfragment verrät, dass Marx durchaus ein Sensorium für diese Verschiebung gehabt hat. Dessen ungeachtet hat er die Rolle der Maschine, als geistige Größe, die dem Begriff des Kapitals vorausgeht (wie der Räderwerkautomat dem Kapital vorausgeht), nicht erkannt. Vgl. Martin Burckhardt, »Der Kapitalismus ist tot (er weiß es nur nicht). Marx' Maschinenfragment und die Logik des Plattform-Kapitalismus«, in: *Merkur*, Nr. 831 (2018).

32 Bei Derrida ist dies überdeutlich. Wenn er die Entstehung des Rechts als »grund-lose Gewalttat« auffasst, ja, nachgerade von einem »mystischen Grund der Autorität« ausgeht, verkennt er vollständig die

Funktion der *mechane*, deren erste Erscheinung das Alphabet ist. Mit den Gesetzen Drakons unterwirft sich auch der Gesetzgeber dem Buchstaben des Gesetzes – und damit der Schrift. Vgl. Jacques Derrida, *Force de Loi*, Paris 1994.

33 Friedrich Nietzsche, *Menschliches, Allzumenschliches*, Bd. 2, a.a.O., S. 383.

34 Carl Schmitt, *Politische Theologie*, Berlin 2009, S. 14.

35 Der erste Entwurf dieser *Charta der Digitalen Grundrechte* von 2016, der auf das Zitat von Schmitt unmittelbar anspielte, ist unterdessen vom Netz genommen, der heikle Begriff der Datensouveränität ist geblieben. Vgl. Artikel 11, {https://digitalcharta.eu/}. Grundsätzlich lässt sich sagen, dass dieses Papier die Idee des Staates (samt Staatsgeheimnis etc.) komplett den individuellen Rechten des Einzelnen geopfert hat.

36 Karl Marx/Friedrich Engels, »Der achtzehnte Brumaire des Louis Bonaparte«, in: *Werke*, Bd. 8, Berlin/DDR 1972, S. 115.

37 Wie sehr dies in den Mainstream der Gesellschaft eingesickert ist, wird an verschiedenen Gesetzgebungsinitiativen sichtbar, die die Selbstdeklaration eines Individuums zu einem Menschenrecht gemacht haben, mit der Folge, dass die selbsterklärte Identität eines Individuums, obschon definitiv eine Privatwährung, von allen anderen akzeptiert werden muss, wie z. B. im kanadischen Bill C-16 (An Act to amend the Canadian Human Rights Act and the Criminal Code), der *gender identity* und *gender expression* als Menschenrecht deklariert.

38 Friedrich Nietzsche, *Genealogie der Moral*, a.a.O., Bd. 5, S. 399.

39 Das *Personal pronoun*, also die frei wählbare Anrede (an die das Gegenüber sich, der Etikette folgend,

gleichwohl halten muss), wäre hier zu nennen. Was aber macht man mit einem Kandidaten, der auf diese Aufforderung hin das Pronomen »His Majesty« wählt?

40 Ein bemerkenswertes Detail: Die bis dato weitgehend unbekannte Zoom Video Communications Inc. erlebte im ersten Monat der Krise nicht nur eine Verzwanzigfachung ihrer Nutzerschar, sondern war zeitweilig so viel wert wie die vier größten amerikanischen Flugunternehmungen zusammen. Zu Anfang war die Aktie so unbekannt, dass es zu einer Verwechselung mit Zoom Technologies kommen konnte – was dieser Firma einen Kurssprung von 900 Prozent bescherte, letztlich aber zur Aussetzung des Handels führte.

41 Vgl. Martin Burckhardt, *Digitale Renaissance. Manifest für eine neue Welt*, Berlin 2014.

42 Der Computer, als universale Maschine, begriffen, ist kein Werkzeug, sondern eine Werkstatt: ein zukunftsoffener Raum, bei dem feststeht, dass er Werkzeuge nach seinem Bilde entlassen wird. Dies erklärt die Metapher des Geisteskontinents – aber auch, dass man es hier mit einer symbolischen, geistigen Ordnung zu tun hat, die ihrerseits die soziale Plastik gestaltet.

43 Das Konzept der Agilität, wie es im »Manifesto für Agile Software Development« aus dem Jahr 1996 erstmals dargelegt ist, verdankt sich Jeff Sutherlands Beobachtung, dass Top-Down-Hierarchien (mit der entsprechenden Arbeitsteilung) in der Software-Produktion zum Scheitern verurteilt sind, während demgegenüber kleine Teams mit flachen Hierarchien, einer geteilten Verantwortung und einem iterativen Designprozess weit erfolgreicher sind.

44 Auch dies hat man in der Pandemie beobachten

können. Weil die amerikanischen Gesundheitsämter eine Software aus den 60/70er Jahren benutzen, wurde Cobol – eine längst vergessene Programmiersprache – wiederbelebt, mit der Folge, dass die Cobol-Kundigen zur begehrtesten Programmierer-Spezies avancierten.

45 Die QAnon-Verschwörungstheorie ist ein interessantes Exempel. Hier wird das Bild einer bösartigen Elite gezeichnet, die sich, in den Institutionen des tiefen Staates verschanzt, mit dem Blut unschuldiger Kinder eine Verjüngungskur gönnt. Die Leser haben es mit Bildern und Rätseln zu tun (QDrops), die auf verschiedenen Messageboards erscheinen und mutmaßlich von einem Whistleblower aus dem inneren Machtzentrum stammen. Absurderweise konnte hier Donald Trump als eine Art Johannes der Täufer erscheinen, der sich der Weltverschwörung des tiefen Staates widersetzt. Ziel ist das Erwachen aus der Verblendung: *The Great Awakening*.

46 Es ist bemerkenswert, dass Lyotard (nicht nur der Namensgeber, sondern auch der vielleicht klarste Denker der Postmoderne) seine »Condition Postmoderne« mit der Betrachtung über die Episteme, das Wissen in den computerisierten Gesellschaften, beginnt. Jean-François Lyotard, *La Condition postmoderne: rapport sur le savoir*, Paris 1979. Dieser Text folgt seiner wenige Jahre zuvor erschienenen *Économie libidinale,* in der er, ausgehend vom Bewusstsein einer gestörten Geldordnung, seinen Abschied vom Marxismus nimmt.

47 Man muss daran erinnern, dass das Humangenomprojekt erfolgreich war, weil es gelungen war, die Gensequenzierer massiv zu beschleunigen – was wiederum nur möglich war mit Hilfe der Computertechnologie.

Video-Material

Unter dieser Adresse finden sich einige Video-Lectures, die als Begleitmaterial zum Buch dienen.

Erste Auflage Berlin 2021
Copyright © 2021
MSB Matthes & Seitz Berlin
Verlagsgesellschaft mbH
Göhrener Str. 7 | 10437 Berlin
info@matthes-seitz-berlin.de
Alle Rechte vorbehalten.
Satz: Monika Grucza-Nápoles, Berlin
Druck und Bindung: Art-Druk, Szczecin
Umschlaggestaltung nach einer Idee von
Pierre Faucheux
ISBN 978-3-7518-0513-1